新装版

障害がある子どもの

考える力を育てる
基礎学習

- ●形を見分ける　●大きさを見比べる
- ●衣服を着る・脱ぐ　●よく見て覚える

宮城武久 著
つばき教育研究所理事長

Gakken

障害がある子どもの
考える力を育てる
基礎学習

CONTENTS

はじめに ……………………… 5

第1章 考える力を育てる学習

① 伸びる芽・育てる力 ………………………… 7
② 視覚認知の発達をめざして ………………………… 8
③ 発達段階に応じた学習 ………………………… 9
④ 教材・教具 ……………………… 12
⑤ ことばかけ ……………………… 13
⑥ 考える力を育てる学習とスモールステップ
　〜まちがえさせない工夫 ………………………… 14

第2章 ○△□を見比べる・見分ける学習
（視覚認知を高める「形の弁別」）

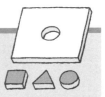

① 「形の学習」の意味 ……………………… 17
② 教材・教具について ……………………… 18
③ 呈示の原則 ……………………… 19
④ 初めの一歩「一対一」 ……………………… 21

⑤ 視覚認知を高める呈示のステップ ………………… 25
⑥ 誤選択肢の撤去 ……………… 26
⑦ 方法とことばかけ ……………… 28
⑧ 弁別の課題の難易度による系統性＜１＞
　はめ板一枚・形二つ ……………… 33
⑨ 弁別の課題の難易度による系統性＜２＞
　はめ板二枚・形一つ ……………… 34
⑩ 弁別の課題の難易度による系統性＜３＞
　選択肢三つ ……………… 35
⑪ 運動機能障害がある場合の方法 ………………… 39
⑫ 視覚障害がある場合の方法 ……………… 48
⑬ 指導の展開にあたっての配慮事項 ……………… 52
⑭ やってみましょう ……………… 54
⑮ こんなときには、どうしたらよいでしょう？ ………… 59

第3章 「大きい・小さい」を見比べる・見分ける学習
（視覚認知を高める「大小・大中小の弁別」）

① 「大小・大中小」の学習の意味 ……………… 69
② 教材・教具について ……………… 70
③ 呈示の原則 ……………… 70
④ 視覚認知を高める呈示のステップ＜１＞
　「○の大小の弁別」……………… 72
⑤ 視覚認知を高める呈示のステップ＜２＞
　「○の大中小の弁別」……………… 75
⑥ 方法とことばかけ＜１＞ ……………… 87
⑦ 方法とことばかけ＜２＞ ……………… 93
⑧ やってみましょう ……………… 102
⑨ こんなときには、どうしたらよいでしょう？ ………… 104

第4章 衣類を身につける学習
（手と手、目と手の協応動作を高めるスモールステップ）

1. 基本的な考え方 …………………………… 107
2. スモールステップの考え方 …………………… 108
3. 学習の系統性 …………………………… 109
4. 姿勢について …………………………… 111
5. 方法 ………………………… 112
   - 第一群　下半身に身につけるもの〜はくタイプ〜 …… 112
   - 第二群　上半身に身につけるもの〜かぶるタイプ〜 …… 121
   - 第三群　上半身に身につけるもの〜前開きのタイプ〜 …… 125
   - 第四群　くつ …… 128
   - 第五群　付属するもの …… 131
6. 順序よく身につける学習 ………………………… 146

第5章 どちらの箱に入っているか 見比べる・見分ける学習
（視覚認知を高める延滞の学習
〜注視・追視による記銘・記憶・想起・推測〜）

1. 延滞の学習の基本的な考え方 ………… 147
2. 教材・教具について ………… 149
3. 視覚認知を高める呈示の原則 ……… 149
4. 学習の方法 …………… 152
   - 第1段階　箱一つ …… 152
   - 第2段階　ふたのない箱二つ …… 157
   - 第3段階　箱二つ・片方に「ふた」…… 162
   - 第4段階　ふたのある箱二つ …… 177
   - 第5段階　ふたのある箱二つ・片方の箱の移動 …… 198
   - 第6段階　ふたのある箱二つ・両方の箱の移動 …… 208
5. やってみましょう ………………………… 214
6. こんなときには、どうしたらよいでしょう？ ………………… 218

おわりに ………………… 223

はじめに

より人間らしく
成長していってほしいという願いを
育てる力に変えていきましょう

　「考える」ということばから、何を思い浮かべますか。「晩ご飯を何にしようか」といった日常生活の中のことから哲学的な思索まで、いろいろあるでしょう。
　では、赤ちゃんが目の前に差し出されたガラガラに手を伸ばして握る行動はどうでしょうか。「考える」ということばとすぐに結びつかないかもしれません。一般的な「考える」というイメージ・概念と離れているからでしょう。
　その概念の枠を広げましょう。赤ちゃんのこうした行動も「考える」ことです。そして、障害があり発達が遅れている子どもの、外界の刺激を受容し反応する行動も「考える」ことです。つまり「考える」とは人間の行動そのものであり、人として生まれた初期段階から「考える」ことが始まっているのです。
　考える力は認知（認識すること・わかること）と密接に関連して高まっていきます。なかでも視覚による情報を処理する視覚認知は、考える力を育てるために重要です。視覚認知とは、まわりのものを見て何であるかがわかることです。見る力・視機能の向上を図ることが、視覚認知を高め、考える力を伸ばすために大切です。それはどのような障害があっても同じです。
　人が育つということは、人間らしく成長するということであり、「考える」力が育つということです。考える力を高めるための働きかけを、発達状況に応じて「1.初期学習」「2.基礎学習」「3.記号操作の学習」の三段階で、系統的に行います。
　「基礎学習」では、触空間や視空間を形成し、より広く深く外界を認知し、よ

り豊かに外界に働きかける力を育てます。人間行動の高次化を図る学習です。
「基礎学習」の具体的な内容は一人ひとりの実態に応じて検討しますが、障害
の種類や程度の違いがあっても、人間らしく成長し、考える力を高めていく基
本の道筋は同じです。本書は、そうした基本の道筋に沿って、どのような障害
の子どもも学習できるようにと考えて著しました。そのため、考える力を育てる
スモールステップは、ていねいに書きました。とても詳しくなっています。この
ように呈示のステップやことばかけと方法について詳しく書かれたものは、私の
知る範囲ではこれまでなかったと思います。

　障害の受容について少し触れます。私はまったく目が見えません。中途で失
明し、白杖を使い始めました。だからこそ、子どもの成長にとって、目の働き
がとても重要であると感じています。見えなくなってよかったと思ったことはあ
りません。何かにぶつかって怪我をすることもたくさんあります。今は盲導犬と
歩いているので歩行中の怪我はずいぶん減りましたが、白杖歩行のときはホー
ムから線路に転落したことがありますし、車にはねられて救急車で搬送された
こともありました。家にじっとしていれば安全かもしれません。しかし、それで
は生きている甲斐がありません。進んで外に出かけて、いろいろな人との出会
いやふれあいを大切にしたいと思っています。見えなくなって、それまで気がつ
かなかったことに気づき、新しい世界が開けてきました。町で出会う見知らぬ
方の心の優しさに触れ、うれしく思うと同時に、ありがたい気持ちでいっぱい
です。これからも自分の障害と向き合い、歩んでいこうと思っています。

　障害を受容することは容易なことではありません。長い時間がかかります。「な
ぜ自分が……」「なぜ自分の子どもが……」と嘆き悲しんだことでしょう。でも、
嘆いているだけでは前に進めません。より人間らしく成長していってほしいとい
う願いを、育てる力に変えていきましょう。そのために本書を役立てていただ
ければ幸いです。

　そして、本書を手にしたことで、子どもがより成長し、より豊かに考える力を
伸ばすことができれば、これほどうれしいことはありません。

第1章 考える力を育てる学習

1 伸びる芽・育てる力

　人は誰でも伸びる芽をもっています。どんなことで、どのように伸びるか、それは様々で、一人ひとり違うでしょう。しかし、どんな人も、一人でいろいろなことができるようになっていくわけではありません。育てる人がいて成長していきます。

　そして、育てる人の働きかけ次第で、子どもの伸びる様子が変わってきます。

　人が育つということは、人間らしく成長するということです。人間らしく成長するということは、「考える」力が育つということです。「考える」ということを、私は、刺激に対する反応や、環境への適応といったことを含めて、広い意味でとらえています。したがって、人を育てるということは、考える力をより高めるということだと認識しています。これは障害があってもなくても同じです。

　重い障害があって、できないことがいっぱいあるように見える子どもも、伸びる芽をたくさんもっています。そして、適切な働きかけがあれば必ず成長します。「あれができない」「これもできない」ととらえるのではなく、「これができる」ととらえることが大切です。泣いている子どもを見て「泣いてばかりいて何もできない」と思うか、「泣くことができる」と思うかでは、働きかけが大きく異なってきます。「より豊かに考える力を育てる」という視点で、今できることを次の段階に高めるには、何をどうしたらよいかを考え、工夫すること、それが伸ばす力になります。

　障害があることを悲しいと思うことがあります。つらいと思うこともあるでしょう。しかし、嘆いてばかりでは何も生まれません。前に進めません。子どもに働きかけてみましょう。どんなに重い障害があっても、何か反応があります。毎日の働きかけで、その反応が変化してきます。その変化が、より人間らしく成長していく始まりです。伸ばす力が求められています。

7

視覚認知の発達をめざして

　視覚認知ということばから何を思い浮かべますか。視力の低い子どもに関わることばだと思ったり、知的障害や発達障害などの他の障害には関係ないと考えたりするかもしれません。しかし、そうではありません。発達に関する研究が進み、障害の有無にかかわらず、視覚認知が人の発達に大きく関わる重要なことであることがわかってきました。障害の種類や程度によらず、外界（環境）を認識し考える力を育てるためには、視覚認知の発達を促す働きかけが大切です。視覚認知の発達がより人間らしく成長することにつながります。

　外界からの情報のほとんどが視覚によるものであることはよく知られています。情報を受け入れる感覚の中で、視覚が最も大きな役割を果たしています。

　視機能とは、一般的には「見る働き・見る力」のことをいいます。内容としては、視力・視野・色覚・明暗順応・眼球運動・両眼のチームワーク・調節機能（ピント合わせ）などがあります。このような観点から見る働きを把握します。「見る」には、追視・注視・凝視・諦視・錯視・固視・正視・非正視などがあります。

　視機能が十分でないのは、通常は、眼になんらかの疾患があり、視覚に障害があるからです。視覚に障害がある場合、弱視であれば拡大教材や補助具を使って見えやすくして学習します。また、全盲であれば触覚や聴覚などの他の感覚を十分に活用して学習することになります。

　ところで、医学的には眼の構造に器質的な疾患がないにもかかわらず、視機能が十分に働いていないように思われる子どもがいます。これは、視覚認知が大きく関わっていると考えられます。「認知」は、考えること・わかることなど、知的な活動のすべてを指しています。情報を感覚で受け入れ、何であるかを知覚し、その情報を記憶にとどめ、それに基づいて判断したり推論したりする、そしてこれらを手がかりに課題を解決していくという、情報を処理する活動です。簡単にいうと「知ること、外界（環境）がわかること」です。

　視覚認知は、見たものを認知することです。つまり、これまでに蓄えられた知識と、様々な場面やいろいろな状況で養われた経験による記憶を手がかりに、見たものについて推測し判断するということです。追視・注視などの視機能に加え、「見比べる」「見分ける」という働きも視覚認知には必要です。視覚認知はひとことでいうと、「見たものが何であるかわかること」です。

　眼に器質的な疾患がないのに視機能が十分でなく、よく見ることができないときは、視覚認知の仕方が未発達であったり、情報処理過程の認知様式の違い

によったりすると考えられます。このような子どもの学習活動においては、目の使い方、つまり視機能の向上を図り、視覚認知を高めていく工夫が大切です。子どもの視線の動きに注意し、教材の呈示の仕方や、ことばのかけかたなどを十分配慮する必要があります。

　教材を呈示するとき、呈示の位置・呈示する順序・配色など、学習空間（机上面）と教材の関係、バック（背景）になる服装・壁・窓・カーテンと教材の関係、光の方向や光の量などを考え、見えやすい学習環境に配慮します。

　「見て」といって視線を誘導したり、見た瞬間「見てるね」とタイミングよくことばかけをしたりすることが、視機能を向上させ、視覚認知を高めることにつながります。

3 発達段階に応じた学習

(1) 初期学習

　外界の刺激によって引き起こされる生体の変化が「反応」です。刺激が繰り返されることによって反応に変化が現れます。より速やかに、より明確になったり、またあるときには、次第にゆっくりになったりします。簡単にいえば、刺激に慣れて反応するようになります。この変化を「順応」といいます。そして、望ましい反応を「適応」といいます。反応・順応・適応を繰り返しながら、人は成長していきます。この過程が、思考活動の始まりです。

　触る・握る・放すなどの活動を通して、触感覚を向上させ、触運動をコントロールし、触空間を形成する基礎的な力を養います。それと同時に、注視する・追視するなどのよく見る活動を通して、視感覚を向上させ、視運動をコントロールし、視空間を形成する基礎的な力を養います。

　外界の刺激（対象）を、触ったり、見たり、聞いたりして認知し、もっと触りたい、もっとよく見たい、もっと聞きたいという欲求によって外界に対する自発の運動が起きます。これが行動の始まりです。

　こうした思考と行動の初期段階において、外界の刺激を受容し認知する力を高めるには、受容器（感覚器）の機能と、感覚の向上を図ることが必要で、そのための学習を「初期学習」と呼んでいます。

第1章 考える力を育てる学習

　動く物を追視したり、じっと見つめたり（注視）することで、見る働きが高まります。見たものに関心をもち、手を伸ばして触る・握る・振ってみる・投げるなどの行動を通して手の働きが向上します。そして、手と手・目と手の協応動作が発達していきます。

　手や目の働きが向上するにつれ、人や物への働きかけが多くなり、興味・関心を示す対象が広がります。人や物との関わりが豊かになっていきます。

　このような段階に至ると、次の「基礎学習」に入ります。

(2) 基礎学習

　「基礎学習」では、触空間と視空間を形成し、より広く深く外界を認知し、より豊かに外界に働きかける力を養います。人間行動の高次化を図る学習で、次のような内容です。

①「はい」「いいえ」のサインの確立
　音声言語によるサインだけでなく、首を振る・手を振る・まばたきをするなどでもよいです。
②「延滞反応」による学習
　注視・追視を通して、記銘・記憶・想起・推測の基礎的な力を養います。
③形の弁別
　はめ板を用いて、○△□を見比べる・見分ける学習です。
④未測量の理解
　大小・長短・多少など、相対的な二つを見比べる・見分ける学習です。
　また、大中小など、三つを見比べる・見分ける学習です。
⑤「同じ」の概念形成
　具体物・半具体物・絵カードなどを用いて、見本と同じものを見分ける学習です。
⑥空間概念の形成
　方向・順序・位置・定位・上下・左右などを理解する学習です。

(3) 記号操作の学習

　「基礎学習」の次に、文字や数などの導入期の「記号操作の学習」に入ります。

①文字の学習

　意思の疎通を図るために体系化された媒体の一つが言語です。言語を表記するための記号が文字です。文字の学習は、読み書きはできるが意味がわからないということのないように、「単語や文を読んで内容がわかる」、つまり、「抽象的な記号で表現されたものの概念を理解する」ことが重要です。

　文字は次のような内容や順序で学習します。

・単語構成（1文字の単語→2文字の単語→……）

・文の構成（2語文→3語文→……）

・文の理解（1文→2文→……）

・書字（ひらがな→カタカナ→漢字）

②数の学習

　数の学習は、数概念の形成を十分に行ってから、たし算・ひき算の学習に入ることが大切です。数概念の形成とは、順序数と量がわかり、合成・分解ができるようにすることです。

　数は次のような内容や順序で学習します。

・数の概念形成

　　　数詞・数唱（数える）、数字、順序数、量概念

・5までの合成・分解

・10までの合成・分解

・10までの数のたし算・ひき算

・繰り上がり・繰り下がり

　このような「初期学習」・「基礎学習」・「記号操作の学習」と並行して、理解する力の発達に応じて次のような学習も行うことが望ましいです。

●姿勢・移動・歩行に関する学習

●食事・排せつ・衣服の着脱などの身辺自立に関する学習

●目と手の協応動作や、手指の巧緻性を高める学習（ひも結びなど）

●道具の操作を向上させる学習（はさみの使い方など）

●人間関係を豊かにするための、コミュニケーション能力の向上を図る学習

第1章 考える力を育てる学習

 教材・教具

　学習で用いる具体的な教材・教具については、それぞれの章で説明していますので、ここでは基本的なことを述べます。

　どの学習でも、見えやすい色や、持ちやすく操作しやすい大きさと形を考えて教材・教具を準備します。持ったときの手触りを考慮し、材質や柔らかさなども検討します。

　教材・教具を呈示する位置、呈示の順序、呈示の仕方、移動の仕方など、一つひとつよく考えて学習を進めます。同じ教材・教具を使っても、これらが変わると難易度が違ってしまいます。気がつかないで難しいことを先に行って、子どもが誤反応をして、学習への意欲をなくしてしまうとしたら残念です。やさしい課題から行い、子どもが「できる」「わかる」ことを実感し、自信をもてるようにして、学習を積み重ねることが大切です。また、呈示した教材・教具を、いつ、どのように撤去するかも大事なポイントです。

　教材・教具を呈示し、子どもが課題に向かい、いろいろな反応をする、そして課題のねらいを達成できることはとてもうれしいことです。こうしてほしいという願いが子どもに伝わり、子どももそれに応えて行動を起こした結果だからです。子どもの実態に応じた課題設定と、適切な教材・教具を準備することができたということになります。

　課題ができなかったときは、どうなのでしょう。教材・教具をたたいたり、なめたり、投げたり、立って歩いたり……といろいろな動きをして子どもは自分の気持ちを表現します。子どもが話しかけているのです。ことばがなくてもできる、子どもとの会話です。

　実は、課題ができたときよりも、こういうときこそ子どもは、もっとたくさん話しかけているのです。

　課題の達成の結果だけでなく、学習に取り組む過程が大事です。教材・教具に向かうときの子どもの目や手の動きは、子どもが何を考え、何をしようとしているのかを知らせています。教材・教具を通して話しかけているのです。教材・教具を媒体として子どもと会話する心を大切にして、学習しましょう。

　子どもからのメッセージを受け止めましょう。そして考えましょう。

5 ことばかけ

(1) 援助する

　学習活動を進めるときのことばかけは、子どもの視線や手の動きを把握して、使うことば・タイミング・声のトーンなどをよく考える必要があります。援助の重要なポイントになります。

　使うことばは、学習意欲を高め、心理的な安定が得られるものを心がけます。禁止や命令、否定的なことばは使わないことが大切です。不適切なことばかけで、追視をやめてしまったり、子どもの視線が誤選択肢に移ったりすることがあります。伸ばしかけた手を引っ込めたり、誤選択肢を持ってしまったりすることもあります。こうした反応を起こさないように、使うことばを選びます。

　ことばかけは、早すぎず、遅すぎず、最もよいタイミングで行います。

　例えば、子どもが呈示された教材を見て「これかな?」と迷っているとき、タイミングよく「そうだね」ということばかけがあれば、「これでいいのだ」と安心して手を伸ばすことができます。なければ、「違うのかな」と視線を誤選択肢に移してしまうかもしれません。ことばかけは、子どもの視線や手の動きをよく見て、タイミングよく行います。

　また、ことばかけの回数、話す速さ、声の大きさなどにも留意して、適切に行う必要があります。

　ことばかけは、まちがえさせない援助の一つで、適応的な反応を強化します。

　例えば、「ここを見て」と視線を誘導して子どもが見たとき、「今、見てるね」「上手に見てるね」とことばかけをすると、「これが見ることなんだ」「こうやって見るといいんだ」とわかり、「見る」ことが強化され、視機能が向上します。

(2) よくほめる

　がんばったという充足感、できたという成功感や成就感を子どもがもてるように、十分にほめることが大切です。ほめられる満足感と自信が、次の学習に向かう意欲につながります。ほめるのもタイミングが大切です。

・できた瞬間にすぐほめます。
・一動作ごと、目標達成ごと、一つの課題のまとまりごとなどに、たくさんほめます。

第1章　考える力を育てる学習

　まちがえたとき、決して、しかったり、がっかりしたしぐさや表情を見せたりしないようにしましょう。教材・教具を速やかに撤去し、まちがえさせない工夫をして、もう一度呈示しましょう。

　心からほめることが大切です。ことばでほめることはもちろんですが、表情豊かに、アクションもつけるとよいでしょう。頭やほほを優しくなでたり、拍手したり、右手と右手・左手と左手を合わせて「で・き・た！」といったりするなど、子どもが喜ぶほめ方をいろいろ工夫しましょう。子どもと一緒に喜ぶことです。よくほめ、ともに喜ぶことで、子どもは学習する楽しさとわかったときのうれしさを、体いっぱいに表現することでしょう。

6 考える力を育てる学習とスモールステップ
～まちがえさせない工夫

　課題を理解し解決する方法を習得する、基礎的な力を養う段階では、まちがえさせない工夫が大切です。成功体験を積み重ねることで課題を解決する力を養い、「考える」力を育てます。

　「まちがいから学ぶ」という考えがあります。それも一つの考え方でしょう。「まちがいから学ぶ」ということは、まちがえたことがわかるということです。どこをまちがえたのか、なぜまちがえたのかがわかり、よく考えて正しい答えを出す力があるということです。そうであれば、まちがえたことが成長の糧となるでしょう。

　しかし、基礎的な力を養う段階では、それは難しいことだといえます。

　「考える」ということは、外界の刺激に対する反応や、環境への適応といった人の初期行動を含んでいます。障害が重い子どもは、触る・見るなどの行動を通して自発の運動を豊かにしていきます。これは理解力を高め、考える力を育てる最初の過程です。この段階では、まちがえさせると、呈示した教材に手が伸びなくなったり、見ようとしなくなったりして、課題を理解し解決する方法の習得が難しくなります。

　また、教材の呈示の仕方が少し変わるだけで、できていたはずのことができなくなったり、よく見ないで反応してしまったりといった誤反応を誘発してしまいます。誤反応を繰り返していては、学習意欲を高め、考える力を育てることはできません。

望ましい反応を積み重ねるためのスモールステップが、「考える」力を育てるのです。

「スモールステップは考える力が育たない、子どもが考えずにすむから」という意見があります。それはスモールステップの解釈が異なるのだろうと思います。子どもがわからないとき、迷っているとき、考えるための手がかりを呈示します。その手がかりに基づいて子どもがよく考え、正反応をします。正反応ができたときの手がかりが、考えるための適切なスモールステップとなります。ですから、子どもの実態によって、スモールステップの設定の仕方は異なってきます。

子どもの小さな反応を見逃さないということは、子どもの「考える」活動を大事にするということです。自発の運動を豊かにし、適応的な反応を導くために、スモールステップをどう設定するか、工夫が求められます。「伸ばす力」が問われるのです。

したがって、まちがえさせない工夫をして、スモールステップで正反応を積み重ねることが、子どもの考える力を育てることになります。

以上のような基本理念のもと、では、いよいよ次の章から実践の方法論に入っていきましょう。

16

第2章 ○△□を見比べる・見分ける学習

（視覚認知を高める「形の弁別」）

1 「形の学習」の意味

　私たちのまわり（生活空間）には様々な形が存在しています。形を理解することは、まわりの様子をより正しく、深く認知することにつながります。空間把握の重要な第一歩です。

　「形の学習」をすることで、形を構成する要素についての情報を処理する力を高めていきます。見たり触ったりして「まがっている、まっすぐ」といった視覚や触覚の情報を認知し、「縦・横・斜め」などの方向や「上下・左右」といった位置関係を理解しながら、空間概念をより高次化していくことになります。

　文字は、線の方向や順序を構成要素とする複雑な図形であり、高度な記号体系のひとつです。形を理解することは、「記号操作の学習」すなわち「文字の学習」に入るためにも必要です。ここに「形の学習」の意味があります。

　なぜ○△□なのでしょうか。

　形にはいろいろなものがあります。私は、いろいろな形の基本は○△□と考えています。○△□は形の特徴をとらえるための視覚情報や触覚情報がシンプルで、認知のための情報処理がやさしいからです。

　それゆえ、「よく見る」「よく触る」という視覚・触覚を駆使した活動で、一つひとつの形の特徴を認知し、「見比べる」「見分ける」という弁別の学習を行うためには、「○△□のはめ板」を用いることが最適だと考えています。

　「形の学習」は、考える力を育てるスモールステップの学習理論です。視機能の向上を図り、視覚認知を高める呈示のステップの学習理論の原点でもあります。私は四十有余年、この教材・教具で実践してきました。その経験をもとに、実際の方法論を述べていきたいと思います。

17

第2章 ○△□を見比べる・見分ける学習

教材・教具について

「はめ板」と「形」を用いて学習します。

はめ板の操作は、右手と左手の協応動作や、目と手の協応動作を向上させます。

学習の方法、つまり教具の使い方については、視覚認知を高める呈示のステップが重要です。スモールステップを実践していくうえで、子どもの目の使い方・手の使い方をよく把握し、呈示の位置・呈示の方法・呈示の順序・ことばかけ等に、微妙で細かな配慮が必要だと考えます。

(1) 教具の名称

「○△□のはめ板」の教具（図2-1～2-3）

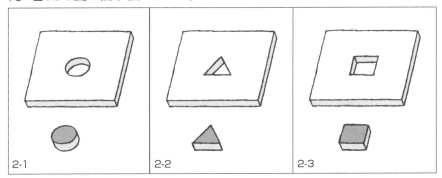

2-1　2-2　2-3

○△□の形をくりぬいたほう（凹図形があるほう）を「はめ板」、入れる（はめる）ほうを「○（の形）」「△（の形）」「□（の形）」、または「形」と呼んで説明していきます。

教具は、子どもが見えやすく操作しやすい大きさにします。

「はめ板」は形をすべらせて入れられる大きさ、入れる「形」は指で握りこめる大きさが適切です。

(2) はめ板で学習する「形」の特徴

はめ板の学習では、○は円、△は正三角形、□は正方形を用います。

18

○ （まる）	○は頂点が無限にあり、どの方向からでも入り、○△□の中で最も入れやすい（はめやすい）形です。「入った」という成就感が得やすく、心理的にも安定感のある形です。
△ （さんかく）	角があり、直線があり、視覚・触覚いずれの情報でも○と区別しやすい形です。入れる時は三つの角の位置や方向を認知し、合わせなければなりません。呈示の仕方によっては、持っている（触っている）形を回転させる操作が必要になるので、○よりかなり難しいです。
□ （しかく）	角があり、直線があるので、○と区別しやすい点では△と似ています。入れる時は四つの角の位置を合わせなければなりません。呈示の仕方によっては形を回転させる操作が必要です。

なお、操作的には、△より□の方がやさしいです。はめ板に入れるとき、△の鋭角より□の直角の方が角を合わせやすいからです。

視覚的には、△の鋭角と□の直角では、△の鋭角のほうが認知しやすいです。

触覚的には、△の鋭角と□の直角を区別するのはかなり難しいです。

はめ板における○△□の操作的・視覚的・触覚的特徴をあげました。
これにより、弁別の課題の難易度と学習の系統性が明らかになってきます。

3 呈示の原則

選択肢は、はめ板にはまる形を「正選択肢」、はまらない形を「誤選択肢」といいます。（図2-4）

選択肢を呈示する位置と順序について、次から原則を示します。

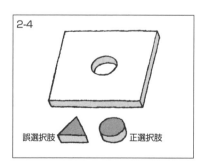

2-4
誤選択肢　　正選択肢

第2章 ○△□を見比べる・見分ける学習

(1) 利き手側と反利き手側（正選択肢と誤選択肢の位置）

正選択肢と誤選択肢を呈示するにあたって、「正選択肢が利き手側にあるのか、反利き手側にあるのか」ということを考えます。

当然のことながら利き手側にあるほうが、見やすく取りやすいのでやさしいです。初期的な見比べ方でも正解を取ることができます。図は利き手側を右としています。（図2-5）

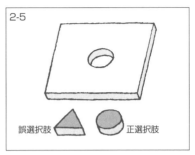

正選択肢が反利き手側にあると、取りにくいほうにあえて手を伸ばさなければなりません。そのため選択肢を見比べ、見分ける力が、より必要になります。（図2-6）

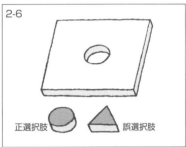

(2) 後出し・先出し・同時呈示（正選択肢と誤選択肢を出す順序）

次の順で課題の難易度が上がっていきます。

●後出し・・・誤選択肢を呈示してから正選択肢を呈示します。
●先出し・・・正選択肢を呈示してから誤選択肢を呈示します。
●同時呈示・・・正選択肢と誤選択肢を同時に呈示します。

「後出し」と「先出し」というのは、二つの選択肢の呈示に時間差をつけるということです。時間差があると、現在に近いほうの視覚刺激が記憶に残り、記憶の新しいほうの刺激に視線が向きやすくなります。

子どもの目の動きを考えましょう。正選択肢を後から呈示すると、今見ているもの（記憶の新しいほう）をすぐ取れば正解です。先に呈示された誤選択肢に視線をもどさなくても正解できます。

正選択肢を先に、誤選択肢を後から呈示すると、記憶の古いほうに視線をもどして見比べなければ正選択肢を取ることができません。そのため、正選択肢を後から呈示するより難しくなります。

> **Point**
> ●呈示の仕方もスモールステップで
> 　正選択肢の後出し・先出し・同時呈示のステップアップが、子どもの「考える力を育てる」ことにつながります。

4 初めの一歩「一対一」

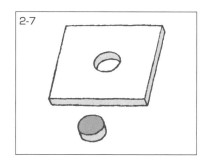

2-7

「○のはめ板」で説明します。
　正選択肢のみを呈示します。（図2-7）一見すると課題がないように見えますが、「はめ板」と「形」の関係、すなわち、正選択肢が○であることを理解するうえで重要な学習です。

　課題を理解するために、実際に行って模範を示したり、手を添えて援助して行ったりします。

　学習空間における呈示の位置によって、見えやすかったり、見えにくかったりします。また、操作しやすかったり、操作しにくかったりもします。初期においては手や目の働きが十分に発達していないので、学習空間における見え方や操作性が等質ではありません。これを「空間の異方性」といいます。

　学習の進展につれて、空間のどこに呈示しても同じように見たり、操作したりできるようになります。これを「空間の等方性」といいます。

　このような空間を形成するためにも「一対一」の学習が大切です。
　利き手（働き手）は右と仮定し、次の（1）（2）に示す呈示位置で行います。
　このとき、反利き手（支え手）である左手を必ず板に添えるようにします。この左手の働きが重要な意味をもっています。入れる位置が確かめやすくなり、そこをよく見るようになります。この学習が、手と手・目と手の協応動作を高めることにつながります。

(1) 形をはめ板上に呈示する

　○の形をすべらせて入れます。
　○の形を持つと指先に力が入ります。人間行動の初期においては、過度な

緊張の状態になり、必要以上の力で持とうとするのです。しかし、いろいろな物を持つ経験を積み重ねることを通して、適度な力で持つことができるようになっていきます。

　すべらせることは、持つことよりも難しいです。上から押す力が、強すぎても弱すぎても、すべらせることができません。上から押す力と、すべらせて移動する力がバランスよく適度に必要なのです。すべらせることは、手の操作性と、目と手の協応動作を高めるために大切です。

　すべらせる形を見ることが、注視や追視などの力をつけ、視機能を向上させていきます。

右と左
利き手が右なので、凹図形の右側に形を呈示するほうがやさしいです。

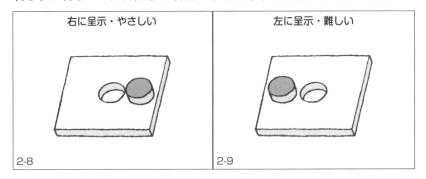

上と下（体に遠い位置と近い位置）
初期の段階では、形を上に呈示するほうが自分の体に近づける運動なのでやさしいです。

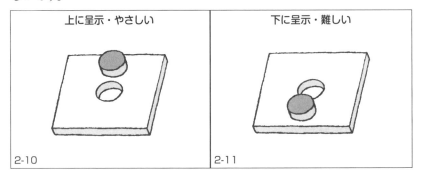

　赤ちゃんは、初めは持ったものを自分の体に引き寄せるようにします。あるいは口に持ってこようとします。自分の体から遠ざける運動を楽しむのは、もっと後になってからです。

同様に、この場合も下に呈示すると、自分の体から遠ざける運動になるので、運動の発達・心理的発達からみて、形を下に呈示するほうが、上に呈示するよりも難しくなるわけです。

(2) 形をはめ板の外（まわり）に呈示

○の形を手に持って、はめ板の上に置く操作が必要になります。

右と左

(1)の「右と左」と同じ理由で、右側に呈示するほうがやさしいです。

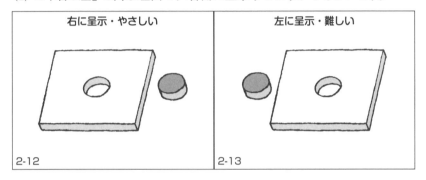

上と下

(1)の「上と下」と同じ理由で、上に呈示するほうがやさしいです。

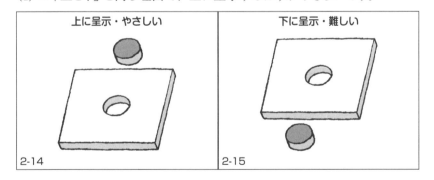

選択肢を取りやすい位置に呈示するよう配慮します。

形をはめ板の上に呈示するときは、はめ板を子ども寄りに呈示します（図2-14）。選択肢の○の形を、肘が曲がった状態で取れる位置が望ましいです。

形をはめ板の下に呈示するときは、はめ板を少し子どもの体から離すように呈示します（図2-15）。呈示位置が体に近すぎると、取りにくくなります。

△と□のはめ板のときは、次からの項を参考にしてください。

第2章 ○△□を見比べる・見分ける学習

△と□のはめ板

△の形や□の形を呈示する位置と向きに注意しましょう。(図2-16〜図2-20)

△の形や□の形は、回転させて角を合わせて入れます。回転させる操作が難しい段階の子どもには、図2-16や図2-19のようにすべらせるだけで入る呈示の仕方が必要です。

図2-18のような呈示では、たくさん回転させないと入らないので難しくなります。

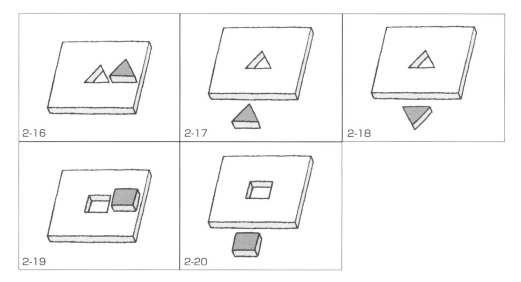

> **Point**
>
> ### 手と目の関係の発達を理解する
>
> 手と目の関係は、次の三つの段階を追って発達すると考えます。
> 以下、○のはめ板で説明します。
>
> ●第1ステージ（手が先）
>
> 先に手が動き、その手の動きに誘導されて目が動く段階です。
>
> 視線がそれやすいので、左手の指ではめ板の○の凹図形のふちに触れ続けているようにします。左手の位置を意識しながら、右手に持った○の形をすべらせて入れます。自分の手の動きを追うように子どもの視線が誘導されます。
>
> ●第2ステージ（手と目が一緒）
>
> 目と手が一緒に動く段階です。
>
> 左手と右手で微妙に空間の位置を調整しながらすべらせます。すべらせる自分の指先を見ながら、はめ板に入れます。
>
> ●第3ステージ（目が先）
>
> 見てから手を動かす段階です。
>
> 左手の指が触れているはめ板の凹図形を見て、○の形をすべらせます。凹図形と○の形を見比べ、位置と方向を見定めて入れます。

5 視覚認知を高める呈示のステップ

　学習空間（机上面）のどこに呈示しても同じように、よく見える・なめらかに操作できるようになったら（「空間の等方性」が確立したら）、子どもとはめ板の間に選択肢を呈示して学習を進めます。子どもとはめ板の間は、操作しやすく、見えやすく、最も見比べやすい場所です。正選択肢を取ることを「正反応」、誤選択肢を取ることを「誤反応」といいます。

<弁別の課題の呈示のステップ>

　○のはめ板（正選択肢○　誤選択肢△）の例で説明します。

　利き手は右と仮定します。（図2-21-1 ～ 2-21-7）

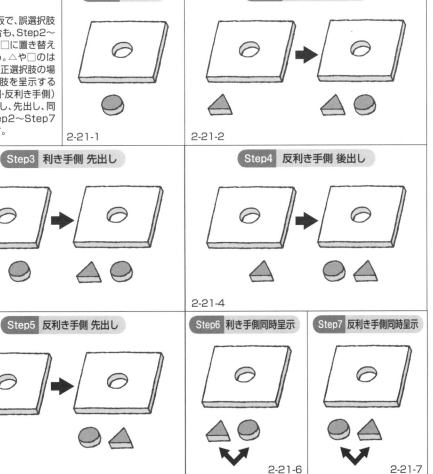

（注）○のはめ板で、誤選択肢を□にした場合も、Step2〜Step7の△を□に置き替えて考えましょう。△や□のはめ板（△や□が正選択肢の場合）も、正選択肢を呈示する位置（利き手側・反利き手側）と、順序（後出し、先出し、同時呈示）はStep2〜Step7の順になります。

第2章 ○△□を見比べる・見分ける学習

誤選択肢の撤去

　選択課題で、誤選択肢をどの時点で撤去するかは、学習を進めるうえで重要なポイントになります。

　はめ板に正選択肢を入れた後、いつまでも誤選択肢を呈示したままにしておくと、次のような行動がよく見られます。

> ・学習の初期においては、ほとんどの子どもが誤選択肢を手に持ってしまいます。そして、口に持っていったり、机をたたいたりします。ついには投げてしまうこともあります。
>
> ・せっかく正選択肢をはめ板に入れたのに、その上から誤選択肢を押しつけて入れようとしたり、はめ板に入れた正選択肢を取ってしまい、そこへ誤選択肢を入れようとしたりします。

　これらは、子どもがせっかく正選択肢を選んだのに、「あれ？ これでいいのかな？ 違うのかな？」などの迷いを誘発することにつながります。

　このような行動を起こさせないために、誤選択肢の適切な撤去が大切です。まちがえさせない工夫の一つです。

　次のようなステップで誤選択肢を撤去します。

(1) 正選択肢を見たとき撤去

　初期の段階では、選択肢を呈示した後、子どもが正選択肢を見たとき、間をおかず、すぐに撤去します。

　正選択肢を最初に見た瞬間（初発の反応）を、見逃さずに正反応とすることが、課題の理解と定着を図るために最も大切です。早い段階で誤選択肢を撤去するので、限りなく「一対一」に近い状態となり、ほぼ正選択肢を取ることができます。

　誤選択肢を撤去するときのことばかけとタイミングが大切です。子どもが正選択肢を見たとき、「そうだね」「それでいいんだよ」「よくできたね」などのことばかけをしてから、誤選択肢を撤去します。

　ことばかけをしなかったり、ことばかけが遅れたり、誤選択肢の撤去が早す

ぎたりすると、指導者の手の動きに子どもの視線が向き、撤去しようとしている誤選択肢に子どもの手が伸びて、誤反応を引き起こします。

ことばかけと撤去のタイミングが、まちがえさせない工夫として重要です。

これは以下の (2)(3)(4) のときも同様です。よく覚えておきましょう。

(2) 正選択肢を取ろうとして、手を伸ばしかけたとき撤去

次の段階では、子どもが選択肢を見比べ、正選択肢を取ろうとして手を伸ばしかけたとき、「そうだね」「それでいいんだよ」などのことばかけをしてから、間をおかず、すぐに誤選択肢を撤去します。

(3) 正選択肢を持ったとき撤去

次の段階では、子どもが選択肢を見比べ、正選択肢を手に取ったとき、「そうだね」「それでいいんだよ」などのことばかけをしてから、間をおかず、すぐに誤選択肢を撤去します。

(4) はめ板に入れたとき撤去

さらに次の段階では、子どもが正選択肢をはめ板に入れたとき、「そうだね」「それでいいんだよ」「よくできたね」などのことばかけをしてから、間をおかず、すぐに誤選択肢を撤去します。

・はめ板に入れてから誤選択肢を撤去するまでの間を少しずつ長くしていきます。

・そして、撤去しなくても誤選択肢を持たなくなるようにしていきます。

第2章 ○△□を見比べる・見分ける学習

7 方法とことばかけ

ここでは25ページのStep1「一対一」と、Step2「利き手側後出し」を例にとり、学習の方法とことばかけについて説明します。利き手は右と仮定します。

(1) Step1「一対一」の場合

例 ○のはめ板・○の形

1. ○のはめ板を呈示

あ ○のはめ板をよく見せながら、学習面（机上面）の中央に呈示します。
「ここを見て」といいながら、はめ板を指先でトントンとたたいて音を出し、視線を誘導します。

い 「左手を置きましょう」といいます。
はめ板の上に左手（支え手）を置き、人差し指がはめ板の○の凹図形のふちに触れているようにします。（図2-22）

う 「右手でぐるぐるします」といいます。
右手（働き手）の人差し指で、はめ板の○の凹図形のふちを「ぐるぐるぐる、まる」といいながらなぞるようにします。

2-22

Point なぞる動作の指導ポイント
- ●学習の初期においては、すべて援助して行います。
- ●なぞる運動の方向は、右利きでは時計回り（右回り）です。
- ●左手の人差し指の位置が、なぞる運動の始点と終点になります。
- ●なぞる運動の方向や始点・終点は、いつも同じにします。
- ●はめ板の○の凹図形のふちをなぞる指の動きを追視します。
  - ・はめ板の○の凹図形のふちをなぞるとき、「ここを見て」とことばかけをして、人差し指の動きを追視するようにします。
  - ・見ているときは「よく見てるね」とことばかけをします。
  - ・視線がそれたら、なぞる動きを止め、指先でトントンとたたいて音を出し、「ここを見て」といって視線を誘導します。
  - ・視線が戻ってきたら、再びなぞるようにします。

7 方法とことばかけ

2. ○の形を呈示

あ ○の形を、はめ板の下、中央に呈示します。「ここを見て」といって、○の形を見るように促します。(図2-23)
すべらせて呈示すると、視線を誘導しやすくなります。

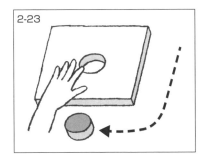
2-23

> **Point 見ないときはこうしましょう**
>
> ●**触らせます。**
> ・両手で握りこんで、形の特徴がわかるように触らせます。
> ・片手で握りこんで、形の特徴がわかるように触らせます。
> ・机上に呈示した形の輪郭線を、特徴がわかるように触らせます。
> ・机上に呈示した形を、片手で上から握りこむように触り、指尖(指先)や指腹(指の腹)で、角や辺(直線や丸みなど)がわかるように触らせます。
>
> ●**視線を誘導する工夫をします。**
> ・**タッピング(人の手などを指先で軽くトントンとたたく)**
> 　子どもの手に手を添えて、呈示した形を触らせます。自分の手を置いた位置を意識させるために、「ここを見て」といいながら、子どもの手をタッピングします。そして視線を誘導します。自分の手が形に触れていて位置がわかるので、視線を向けて見るようになります。
>
> ・**ポインティング(見る対象<視覚対象>である形を指先で軽くトントンとたたく)**
> 　認知させるために、「ここを見て」といいながら、呈示した形をポインティングして音を出します。そして視線を誘導します。ポインティングして音を出すことによって位置がわかり、視線を向けて見るようになります。
>
> ●**見たとき、「今見てるね」のことばかけが大切です。**
> 　「ここを見て」「よく見て」といわれて子どもが見たとき、「今見てるね」「じょうずに見てるね」などのことばかけをします。
> 　このことばかけが、注視する・追視するなどの視機能を向上させるために大切です。

3. はめ板に〇の形を入れる

あ はめ板の〇の凹図形を指先でトントンとたたいて音を出しながら、「ここに入るのは、どれですか」とことばかけをします。
呈示された〇を見た瞬間（手を伸ばして〇を取ろうとした瞬間）、「そうだね」といいます。

い 右手（働き手）で、〇の形を持ちます。
「じょうずに持てたね」といいます。

う 「はめ板の上に置いて」とことばかけをします。
持った〇の形を、はめ板の上に置きます。

え 「すべらせて入れて」とことばかけをします。
すべらせて、はめ板に入れます。
（図2-24）

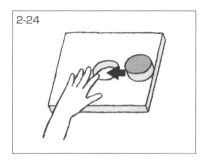
2-24

> **Point** 形をすべらせることのポイント
> - すべらせて入れる運動が、右手と左手・目と手の協応動作を発達させるために大切です。
> - すべらせる運動を追視することが、選択肢を見比べる・見分けるなどの視覚認知の向上につながります。
> - すべらせる動きを、「よく見て」などのことばかけで追視するようにします。視線がそれたら、すべらせる動きを止めます。その場で形をポインティングしながら、「ここを見て」などのことばかけをして再び視線を誘導します。

4. よくほめる

心からよくほめます。
ほめ方は子どもの実態に応じて工夫します。

例 「で・き・た！」といいながら、
子どものてのひらと指導者のてのひらをパチ・パチ・パチと合わせます。

7 方法とことばかけ

(2) Step2「利き手側後出し」(正選択肢○、誤選択肢△)の場合

1. ○のはめ板を呈示

あ ○のはめ板をよく見せながら、学習面（机上面）の中央に呈示します。
「ここを見て」といいながら、はめ板を指先で軽くトントンとたたいて音を出し、視線を誘導します。

い 「左手を置きましょう」といいます。
はめ板の上に左手（支え手）を置き、人差し指がはめ板の○の凹図形のふちに触れているようにします。

う 「右手でぐるぐるします」といいます。
右手（働き手）の人差し指で、はめ板の○の凹図形のふちを「ぐるぐるぐる、まる」といいながらなぞるようにします。

2. 選択肢を呈示

あ △の形をよく見せながら、はめ板の下、左側（反利き手側）に呈示します。
（図2-25）
「ここを見て」といいながら、△の形を指先でトントンとたたいて音を出し、視線を誘導します。

い ○の形をよく見せながら、はめ板の下、右側（利き手側）に呈示します。
（図2-26）
「ここを見て」といいながら、○の形を指先でトントンとたたいて音を出し、視線を誘導します。

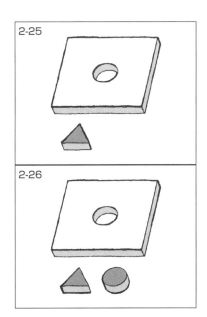

2-25

2-26

> **Point** ここでは形の名称はいわない
> 選択肢を呈示するとき、「さんかく・まる」などの名称は、ここではいわないようにします。「ここを見て」ということばかけで呈示します。形の名称をいうと、よく見ないでことばに反応して選んでしまうことがあるからです。

31

3. はめ板に○の形を入れる

あ はめ板の○の凹図形を指先でトントンとたたいて音を出しながら、「ここに入るのは、どっちですか」とことばかけをします。
正選択肢の○を見た瞬間（手を伸ばして○を取ろうとした瞬間）、「そうだね。それだね」といってからすぐに、誤選択肢の△を撤去します。（図2-27）

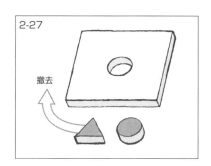

い 右手（働き手）で、○の形を持ちます。
「じょうずに持てたね」といいます。

う 「はめ板の上に置いて」とことばかけをします。
持った○の形を、はめ板の上に置きます。

え 「すべらせて入れて」とことばかけをします。
すべらせて、はめ板に入れます。

> **Point** タイミングを見計らう
> ・学習の初期においては、まちがえさせない工夫として、誤選択肢を早めに撤去します。「そうだね」などのことばかけのタイミング、誤選択肢の撤去のタイミングが大切です。
> ・誤選択肢に視線が向いたり、手が伸びたりしないように、タイミングよく「そうだね」とことばかけをして、もう一方の手で正選択肢の○をポインティングして、誤選択肢を撤去します。

4. よくほめる

心からよくほめます。
ほめ方は子どもの実態に応じて工夫します。

8 弁別の課題の難易度による系統性＜1＞
はめ板一枚・形二つ

視覚や触覚の情報処理のやさしい順に選択肢を組み合わせます。
以下の順序を基本としますが、子どもの実態に応じて入れ替えて学習します。
正選択肢を右側に呈示するときの図を示します。それぞれに、正選択肢が左右逆の場合、後出し・先出し・同時呈示があります。

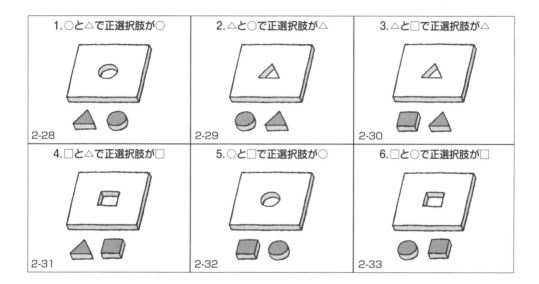

1. ○と△で正選択肢が○ 2-28
2. △と○で正選択肢が△ 2-29
3. △と□で正選択肢が△ 2-30
4. □と△で正選択肢が□ 2-31
5. ○と□で正選択肢が○ 2-32
6. □と○で正選択肢が□ 2-33

> **Point** 一対一は基本の基本
> ●学習の初期では、毎時間、最初にStep1「一対一」（28ページ～）を行います。
> ●「一対一」を復習してから、「はめ板一枚・形二つ」の学習に入ります。

第2章 ○△□を見比べる・見分ける学習

9 弁別の課題の難易度による系統性＜2＞
はめ板二枚・形一つ

　はめ板が選択肢になります。
　以下の順序を基本としますが、子どもの実態に応じて入れ替えて学習します。
　正選択肢を右側に呈示するときの図を示します。はめ板の配列は、右利きの場合、正選択肢が右側にあるほうが、左側にあるほうよりやさしいです。それぞれに、正選択肢が左右逆の場合、後出し・先出し・同時呈示があります。

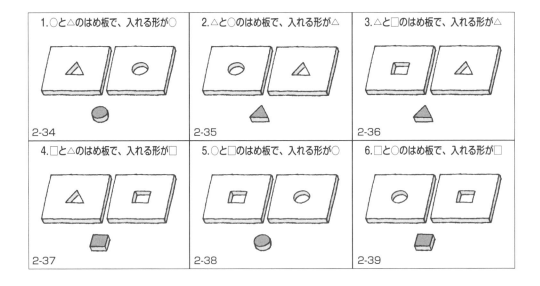

> **Point まちがえさせない工夫**
> はめ板が二枚になって迷っているときは、次のようにします。
> **Flow1** 正選択肢のはめ板に形を入れて、模範動作を示します。
> **Flow2** 子どもの手を取って一緒に行い、課題の理解を図ります。
> **Flow3** 正選択肢のはめ板の下に、形を呈示します。
> **Flow4** 選択肢のはめ板二枚の下で、真ん中の位置に形を呈示します。
> ※「⓾ 弁別の課題の難易度による系統性＜3＞（2）はめ板が三枚」（37ページ）においても上記の方法を応用しましょう。

9 弁別の課題の難易度による系統性＜2＞　はめ板二枚・形一つ

 弁別の課題の難易度による系統性＜3＞
選択肢三つ

この段階では、選択肢の同時呈示で、できるようにします。

(1) 形が三つ

はめ板一枚、形の選択肢三つで学習します。

次の二つの方法があります。
・はめ板を呈示してから、入れる形三つを呈示する方法
・入れる形三つを呈示してから、はめ板を呈示する方法

＜選択肢○△□の形の並べ方＞

1. 正選択肢の位置

正選択肢を呈示する位置によって難易度が異なります。
右利きの場合、正選択肢を呈示する位置が、**右側→左側→真ん中** の順に難しくなります。

最も右側に正選択肢がある例を図で示しました。

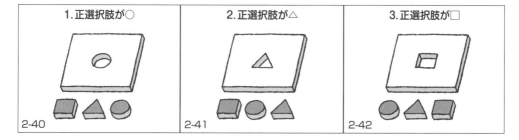

2. 入れる形の配列

入れる形の配列によって難易度が異なります。
前ページの図で、1. 2. 3. それぞれ6通りあります。

次の例は、難易度を考えるうえでの組み合わせの例です。子どもの実態に応じて順序を組み替えて学習するのがよいでしょう。

あ 正選択肢が○の場合

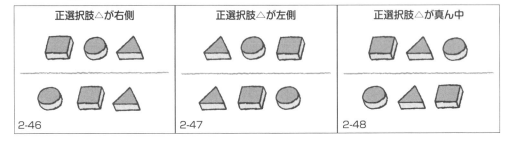

い 正選択肢が△の場合

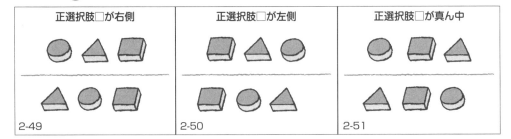

う 正選択肢が□の場合

10 弁別の課題の難易度による系統性 <3> 選択肢三つ

(2) はめ板が三枚

選択肢のはめ板三枚、入れる形一つで学習します。
はめ板三枚を横に並べて呈示します。
はめ板は横に三枚並べても視野に入る大きさで学習します。

> 次の二つの方法があります。
> ・はめ板三枚を呈示してから、入れる形を呈示する方法
> ・入れる形を呈示してから、はめ板三枚を呈示する方法

<選択肢○△□のはめ板の並べ方>

1. 正選択肢の位置

正選択肢を呈示する位置によって難易度が異なります。
右利きの場合、正選択肢を呈示する位置が、**右側**→**左側**→**真ん中** の順に難しくなります。

最も右側に正選択肢がある例を図で示しました。

1. 正選択肢が○	2. 正選択肢が△	3. 正選択肢が□
2-52	2-53	2-54

2. はめ板の配列

はめ板の配列によって難易度が異なります。
前ページの図1.2.3.で、それぞれ6通りあります。

次の例は、難易度を考えるうえでの組み合わせの例です。子どもの実態に応じて順序を組み替えて学習するのがよいでしょう。

あ 正選択肢が○のはめ板の場合

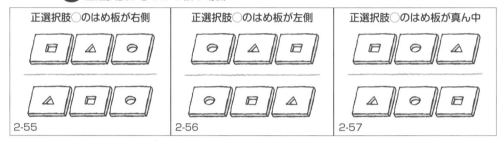

い 正選択肢が△のはめ板の場合

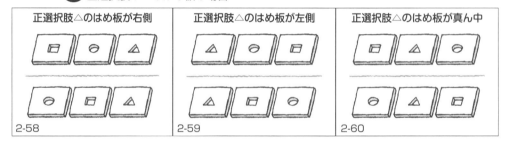

う 正選択肢が□のはめ板の場合

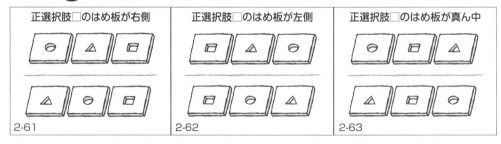

運動機能障害がある場合の方法

　上肢(手)に運動機能障害がある場合、その障害の状態に応じて「手を振る」「指さしする」「指でまるを作る」「返事をする」「発声する」「首を振る」「うなずく」「口をあける・とじる」「目をつむる」「まばたきをする」など、できる動作を活用してサインとします。

　ここでは、選択肢を選ぶ手段として「視線のサイン」を用いる方法について述べます。

　正選択肢を見たときを正反応とします。この方法で学習ができるようになることは簡単ではありません。「初期学習」から「基礎学習」の課題解決学習にいたる間に、「視線のサイン」で学習をしておくことが必要です。

　選択肢を呈示するとき、援助して「入れる形」に手で触れるようにして、形の特徴や違いを実感できるようにすることが大切です。視線を向けて正選択肢を見たとき、よくほめ、援助してはめ板に入れます（選択肢二つの学習の系統性やスモールステップは、「❺視覚認知を高める呈示のステップ」[25ページ]、「❽弁別の課題の難易度による系統性＜１＞」[33ページ]と同じです）。

　次から○のはめ板で、三つの例について説明します。利き手は右と仮定します。

(1)「一対一」の場合

正選択肢一つ「○の形」で説明します。

1. ○のはめ板を呈示

- **あ** ○のはめ板をよく見せながら、学習面（机上面）の中央に呈示します。
「ここを見て」といいながら、はめ板を指先でトントンとたたいて音を出し、視線を誘導します。

- **い**「左手を置きましょう」といいます。
援助して、はめ板の上に子どもの左手（支え手）を置きます。

- **う**「右手でぐるぐるします」といいます。
援助して、子どもが右手（働き手）ではめ板の○の凹図形のふちを「ぐるぐるぐる、まる」といいながらなぞるようにします。

> **Point** 援助のポイント
> - 学習の初期においては、すべて援助して行います。
>   ・援助の量を少しずつ減らし、一人でできることをふやしていきます。
>   ・援助しても手を使うことが難しいときは、「ぐるぐるぐる、まる」といいながら、凹図形のふちをなぞって見せます。
> - なぞる運動の方向は、右利きでは時計回り（右回り）です。
> - 左手の位置が、なぞる運動の始点と終点になります。
>   ・援助しても左手（支え手）をはめ板の上に置くことが難しいときは、左手を使わないで学習を進めます。
> - なぞる運動の方向や始点・終点は、いつも同じにします。

2. ○の形を呈示

○の形をよく見せながら、はめ板の右側（利き手側）に呈示します。
（図2-64）
「ここを見て」といいながら、○の形を指先でトントンとたたいて音を出し、視線を誘導します。はめ板の下に呈示するよりも、はめ板の横に呈示したほうが視線の動きがわかりやすいです。
すべらせて呈示すると、視線を誘導しやすくなります。

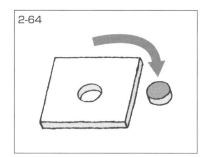

2-64

> **Point** 子どもが見ないときはこうしましょう
> - 触らせます。
> ・形の特徴がわかるように触らせます。
> - 視線を誘導する工夫をします。
> ・タッピング
>   子どもの手に手を添えて、呈示した形を触らせます。自分の手を置いた位置を意識させるために、「ここを見て」といいながら、子どもの手をタッピングします。そして視線を誘導します。自分の手が形に触れていて位置がわかるので、視線を向けて見るようになります。
> ・ポインティング
>   認知させるために、「ここを見て」といいながら、呈示した形をポインティングして音を出します。そして視線を誘導します。ポインティングして音を出すことによって位置がわかり、視線を向けて見るようになります。

3. はめ板に○の形を入れる

あ はめ板の○の凹図形を指先でトントンとたたいて音を出しながら、「ここに入るのは、どれですか」とことばかけをします。
呈示された○を見た瞬間（初発の反応）、「そうだね」といいます。

● **初発の反応を見逃さない**
正選択肢を最初に見た瞬間（初発の反応）を、見逃さずに正反応とすることが、課題の理解と定着を図るために最も大切です。

● **視線を止めて見る「注視」に導く**
正選択肢の○の形を見た瞬間、「そうだね、これだね」などといいながら、○の形を指先でトントンとたたいて音を出し、視線を誘導します。
このことが、視線を止めて見る「注視」につながります。

い 援助して、子どもが右手（働き手）で呈示された形を持つようにします。「じょうずに持てたね」といいます。

う 「はめ板の上に置いて」とことばかけをします。
援助して、子どもが持った形をはめ板の上に置くようにします。

え 「すべらせて入れて」とことばかけをします。
援助して、子どもがすべらせてはめ板に入れるようにします。すべらせるときは、しっかり追視することが大切です。

Point **追視・注視の重要性**

● すべらせる運動を追視することが、視機能の向上を図り、視覚認知を高めるために大切です。

● 援助しても手を動かすことが難しい場合は、よく見せながら、指導者がすべての操作を行って学習します。このとき、はめ板に入れる○の形を、よく見る（注視）・追視するようにします。「ここを見て」といって、子どもが見たとき、「今見てるね」とことばかけをすることが重要です。

---

4. よくほめる

心からよくほめます。
ほめ方は子どもの実態に応じて工夫します。

例 「で・き・た！」といいながら、子どもの手を持って、
パチ・パチ・パチと、てのひらを合わせます。

> **Point** 学習の工夫を大切に
> - 子どもの姿勢や、姿勢の保持の仕方、頭の位置、首のすわり、手の状態によって、学習方法を工夫する必要があります。
>   例えば、学習空間は机上面だけでなく、マグネットなどを用いて、子どもの目の高さで行うこともあります。
> - アテトーゼやスパスティックがあっても、援助して、 1. ではめ板の凹図形のふちをなぞる、 2. では選択肢の形を触ることが大切です。
>   次項の (2)(3) でも同様に行います。
> - 4. までできるようになったら、○をはめ板の左側に呈示して学習します。

(2) 選択肢二つの場合

利き手側後出し（正選択肢○、誤選択肢△）で説明します。

1. ○のはめ板を呈示

あ ○のはめ板をよく見せながら、学習面（机上面）の中央に呈示します。
「ここを見て」といいながら、はめ板を指先でトントンとたたいて音を出し、視線を誘導します。

い 「左手を置きましょう」といいます。
援助して、はめ板の上に子どもの左手（支え手）を置きます。

う 「右手でぐるぐるします」といいます。
援助して、子どもが右手（働き手）ではめ板の○の凹図形のふちを「ぐるぐるぐる、まる」といいながらなぞるようにします。

2. 選択肢を呈示　(図2-65)

あ 誤選択肢の△の形をよく見せながら、はめ板の左側（反利き手側）に呈示します。「ここを見て」といいながら、△の形を指先でトントンとたたいて音を出し、視線を誘導します。

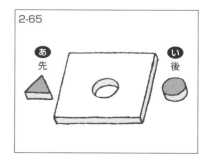

11 運動機能障害がある場合の方法

い ○の形をよく見せながら、はめ板の右側（利き手側）に呈示します。「ここを見て」
といいながら、○の形を指先でトントンとたたいて音を出し、視線を誘導します。
選択肢は、はめ板の下に呈示するよりも、はめ板の左右に呈示したほうが視線の動
きがわかりやすいです。

> **Point** **選択肢の名称は使わない**
>
> ●選択肢を呈示するとき、「ここを見て」ということばかけで呈示し、形の名称を
> いわないようにします。形の名称をいうと、よく見ないで、ことばに反応して
> 選んでしまうことがあるからです。

3. はめ板に○の形を入れる

あ はめ板の○の凹図形を指先でトントンとたたいて音を出しながら、「ここに入るの
は、どっちですか」とことばかけをします。
正選択肢の○を見た瞬間（初発の反応）、「そうだね」といいます。

> ●**視線を止めて見る「注視」に導く**
> 正選択肢の○の形を見た瞬間（初発の反応）、「そうだね、これだね」などといいな
> がら、○の形を指先でトントンとたたいて音を出し、視線を誘導します。と同時に、
> もう片方の手で、すぐに誤選択肢の△を撤去します。
> このようにして、視線を誘導することが、視線を止めて見る「注視」につながります。

い 援助して、子どもが右手（働き手）で○の形を持つようにします。「じょうずに持て
たね」といいます。

う 「はめ板の上に置いて」とことばかけをします。
援助して、子どもが持った○の形をはめ板の上に置くようにします。

え 「すべらせて入れて」とことばかけをします。
援助して、子どもがすべらせてはめ板に入れるようにします。すべらせるときは、
しっかり追視させることが大切です。

4. よくほめる

「で・き・た！」などといって、心からよくほめます。
ほめ方は子どもの実態に応じて工夫します。

> **Point** **P.25の 5 のStep1〜Step7を参照しましょう**
>
> ● 2. では、「5 のStep1からStep7まで」(25ページ) の学習をします。
> ● (2) (3) でも各Stepに入る前に必ず 4 「一対一」の学習をします。

43

(3) 選択肢三つの場合

正選択肢「○」、誤選択肢「△と□」で説明します。

1. ○のはめ板を呈示

あ ○のはめ板をよく見せながら、学習面（机上面）の中央に呈示します。
「ここを見て」といいながら、はめ板を指先でトントンとたたいて音を出し、視線を誘導します。

い 「左手を置きましょう」といいます。
援助して、はめ板の上に子どもの左手（支え手）を置きます。

う 「右手でぐるぐるします」といいます。
援助して、子どもが右手（働き手）ではめ板の○の凹図形のふちを「ぐるぐるぐる、まる」といいながらなぞるようにします。

2. 選択肢を呈示　（図2-66）

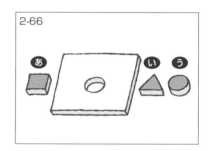

2-66

あ □の形をよく見せながら、はめ板の左側（反利き手側）に呈示します。
「ここを見て」といいながら、□の形を指先でトントンとたたいて音を出し、視線を誘導します。

い △の形をよく見せながら、はめ板の右側（利き手側）に呈示します。
「ここを見て」といいながら、△の形を指先でトントンとたたいて音を出し、視線を誘導します。

う ○の形をよく見せながら、はめ板の右側（利き手側）の、△の右側に呈示します。
「ここを見て」といいながら、○の形を指先でトントンとたたいて音を出し、視線を誘導します。

> **視野の範囲内に呈示**
> ・左側の□から右側の○まで視野に入るように呈示します。
> ・右側の△と○は、見えやすい間隔をあけて呈示します。

3. 見比べ、見分ける

あ はめ板の○の凹図形を指先でトントンとたたいて音を出しながら、「ここに入るのは、どっちですか」とことばかけをします。

い 正選択肢の○のほうを見たとき、「そうだね」といってから、すぐにはめ板の左側にある誤選択肢の□を撤去します。

11 運動機能障害がある場合の方法

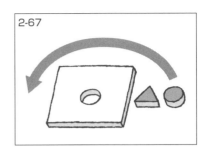

う 右側にある正選択肢の○をゆっくり追視させながら、はめ板の左側に移動します。（図2-67）

4. はめ板に○の形を入れる

あ はめ板の○の凹図形を指先でトントンとたたいて音を出しながら、「ここに入るのは、どっちですか」とことばかけをします。
正選択肢の○を見た瞬間、「そうだね。それだね」といってからすぐに、誤選択肢の△を撤去します。

い 援助して、子どもが右手（働き手）で○の形を持つようにします。「じょうずに持てたね」といいます。

う 「はめ板の上に置いて」とことばかけをします。
援助して、子どもが持った○の形をはめ板の上に置くようにします。

え 「すべらせて入れて」とことばかけをします。
援助して、子どもがすべらせてはめ板に入れるようにします。すべらせるときは、しっかり追視させることが大切です。

5. よくほめる

「できた！」などといって、よくほめます。

> 「選択肢三つ」のときには、
> 「呈示の順序」「配列」「移動」の三つの重要事項があります。

＜選択肢の呈示の順序＞

選択肢三つを呈示する順序で難易度が異なります。

次の順で学習を進めます。

```
Step1  正選択肢を3番目に呈示
Step2  正選択肢を1番目に呈示
Step3  正選択肢を2番目に呈示
Step4  三つの選択肢を同時に呈示
```

※同じ側に複数呈示するとき、呈示板を使用するとよいでしょう（63ページの図2-79、2-80参照）。

第2章 ○△□を見比べる・見分ける学習

<選択肢の配列>

選択肢三つの配列によって難易度が異なります。

例 ○が正選択肢（図2-68-1～8）

利き手は右と仮定します。次のStep1～Step8で順序を示します。

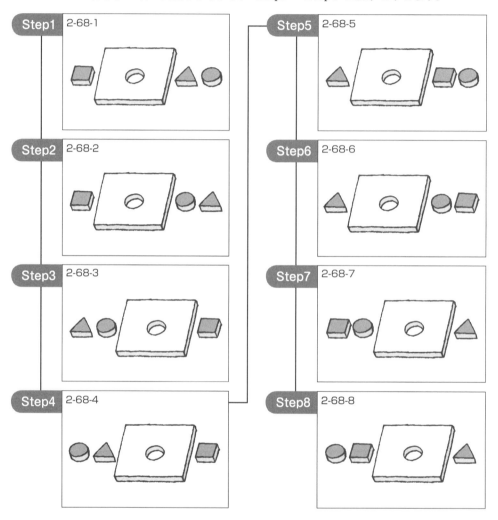

※次の三つの観点で配列を設定しました。

- ・右側に正選択肢○があると取りやすいです（右側に二つのときは外側が取りやすいです）。
- ・はめ板の同じ側にある二つの選択肢の位置を交代します。
- ・はめ板の右側と左側の選択肢を交代します（左側に二つのときは内側が取りやすいです）。

この例は、一つの考え方です。子どもの実態に応じて順序を組み替えて学習するのがよいでしょう。

11 運動機能障害がある場合の方法

<選択肢の移動>

選択肢が同じ側に複数あるとき、どれを移動するかによって難易度が異なります。

Step1 正選択肢を移動させるほうが、誤選択肢を移動させるよりやさしいです。
選択肢を移動させるときは、しっかりと追視させることが大切です。

Step2 選択肢がはめ板の右側に二つあるとき、左側の誤選択肢を撤去してから、右側の正選択肢を左側に移動して学習します。

Step3 選択肢がはめ板の左側に二つあるとき、右側の誤選択肢を撤去してから、左側の正選択肢を右側に移動して学習します。

Step4 正選択肢を移動してできるようになってから、誤選択肢を移動して学習します。

Point **視機能の向上を図るポイント**

●見ないときは、「ここを見て」「よく見て」などのことばかけをしたり、選択肢を指でトントンとたたいて音を出して視線を誘導したりして、見るための工夫をします。

●見たときは、「今見てるね」「じょうずに見てるね」などのことばかけをすることが大切です。

47

第2章 ○△□を見比べる・見分ける学習

視覚障害がある場合の方法

(1) 学習の順序

　視覚障害では触感覚を用いて形を弁別します。手でよく触って確かめることを触察といいます。弁別の課題の難易度による系統性は、目を使って見比べる・見分けるときと異なります。

　選択肢の組み合わせでわかりやすい順は、

となります。

　学習の初期では、△の鋭角と□の直角を手で触って弁別するのは難しいです。

　触察による弁別のやさしいものから順に考えると、学習の系統性は次のようになります。

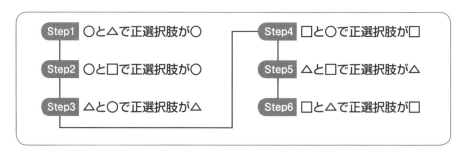

※学習のスモールステップは、「⑤ 視覚認知を高める呈示のステップ」と同じです。
　上記Step1からStep6を、それぞれ25ページのStep1〜Step7で学習します。

(2) 方法とことばかけ

触って形を弁別する学習では、「❸呈示の原則」にある「後出し・先出し・同時呈示」(20ページ) は次のようになります。

- ・後出しは、後から触る
- ・先出しは、先に触る
- ・同時呈示は、左手で左側の選択肢を、右手で右側の選択肢を同時に触る

❺ Step2「利き手側後出し (正選択肢○、誤選択肢△)」(25ページ) の場合で説明します。

利き手 (働き手) は右手、反利き手 (支え手) は左手と仮定します。

1. ○のはめ板を呈示

あ ○のはめ板を学習面 (机上面) の中央に呈示します。

い 「左手を置きましょう」といいます。
援助して、はめ板の上に子どもの左手 (支え手) を置き、人差し指がはめ板の○の凹図形のふちに触れているようにします。

う 「右手でぐるぐるします」といいます。
援助して、子どもが右手 (働き手) の人差し指で、はめ板の○の凹図形のふちを「ぐるぐるぐる、まる」といいながらなぞるようにします。(図2-69)

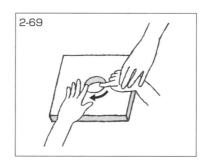

2-69

2. 誤選択肢△を先に呈示

あ はめ板の下、左側に△を呈示します。

い 「左手でよく触りましょう」といって、子どもの左手で△の形をよく触るようにします。△の形を握りこんだり、指尖 (指の先) や指腹 (指の腹) で角をよく触ったりするとよいでしょう。

3. 正選択肢○を後から呈示

あ はめ板の下、右側に○を呈示します。

い 「右手でよく触りましょう」といって、子どもの右手で○の形をよく触るようにします。○の形を握りこんだり、指尖（指の先）や指腹（指の腹）でよく触ったりするとよいでしょう。

4. もう一度はめ板を触る

あ 「もう一度はめ板を触りましょう」といいます。
援助して、はめ板の上に子どもの左手（支え手）を置き、人差し指がはめ板の○の凹図形のふちに触れているようにします。

い 「右手でぐるぐるします」といいます。
援助して、子どもが右手（働き手）の人差し指で、はめ板の○の凹図形のふちを「ぐるぐるぐる、まる」といいながらなぞるようにします。

5. もう一度選択肢を触る

選択肢を再度触って考えるようにします。

あ 子どもの右手をもって、指ではめ板の○の凹図形をトントンとたたきながら、「ここに入るのはどっちですか？」とことばかけをします。

い 「こっちですか？」といいながら、呈示してある△を子どもの左手で触らせます。
（誤選択肢　先出し）

う 「こっちですか？」といいながら、呈示してある○を子どもの右手で触らせます。
（正選択肢　後出し）

6. はめ板に○の形を入れる

あ 正選択肢の○を右手で持ち上げようとしたとき、「そうだね」といってから、すぐに誤選択肢の△を撤去します。

い 援助して、子どもが右手（働き手）で○の形を持つようにします。「じょうずに持てたね」といいます。

う 「はめ板の上に置いて」とことばかけをします。
援助して、子どもが持った○の形をはめ板の上に置くようにします。

え 「左手を置きましょう」とことばかけをします。
援助して、はめ板の上に子どもの左手（支え手）を置き、人差し指がはめ板の○の凹図形のふちに触れているようにします。

12 視覚障害がある場合の方法

お「すべらせて入れて」とことばかけをします。
援助して、子どもがすべらせてはめ板に入れるようにします。左手を置くことで、はめ板の○の凹図形の位置を意識できます。(図2-70)

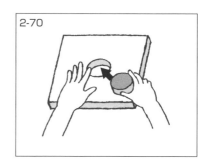

2-70

7. よくほめる

心からよくほめます。
ほめ方は子どもの実態に応じて工夫します。

例「で・き・た！」といいながら、
子どものてのひらと指導者のてのひらをパチ・パチ・パチと合わせます。

Point 触らせるときの留意点

●触り方の要点
・学習の初期においては、すべて援助して触るようにします。
・両手や片手で触ります。
・形の特徴がわかるように触り方を工夫することが大切です。てのひらの中で「形」をまわす、指尖で輪郭線をなぞる、指尖や指腹で角や辺を触るなどがよいでしょう。

●触り方のステップアップ
左手で左側の選択肢を触る、右手で右側の選択肢を触るという方法でできるようになったら、左手（支え手）ははめ板の上に置いたままで、右手だけで選択肢を触って弁別する学習を行ってもよいでしょう。

●まちがえさせない工夫をする
誤選択肢の△を持ち上げないようにします。
・△の上にある子どもの左手に指導者の右手を重ねます。
・○の上にある子どもの右手に指導者の左手を重ねます。
・子どもが「形」を持ち上げようとすると、手や指に緊張が起きて力が入ります。手が触れていると、それがわかります。
・誤選択肢の△を持ち上げようとしたとき、すぐに子どもの左手を軽く押さえ、誤選択肢を持ち上げないようにすることが大切です。○の上にある右手をトントンとたたいて、「こっちです」とことばかけをします。
・すぐに△を撤去します。

●一動作ごとによくほめ、まちがえさせないことが大切です。

13 指導の展開にあたっての配慮事項

(1) まちがえさせない工夫

触らせ方・見せ方・呈示の位置・視覚認知を高める呈示のステップ・ことばかけとタイミング・援助の仕方など、まちがえさせない工夫が最も大切です。

(2) ことばかけ

1. 優しく、ていねいに、ことばかけをする

子どもの気持ちを考えて、適切なことばを使います。
思いつきなど、不用意なことばかけはしないようにしましょう。

2. タイミングをよく考えて、ことばかけをする

子どもが操作をしている途中で不適切なことばをかけないようにしましょう。不用意にことばをかけると、手の動きが止まってしまうことがあります。
また、○△の選択肢の○を取ろうと考えて、手を動かしたとき、「よく見て」などのことばをかけると、「違うのかな」と思って△を取ってしまうこともあります。運動を起こす前にことばをかけましょう。

3. ことばかけの量は適切に

多すぎないように、少なすぎないようにしましょう。多すぎると、子どもの思考を混乱させたり止めてしまったりします。少なすぎると、子どもの迷いや不安を大きくすることになります。

4. 疑問のことばは使わない

「これでいいの？」「本当にこっち？」などは禁句です。
「そうだね」「それだね」という肯定のことばを使います。

5. 否定や命令のことばは使わないように

「違うよ」よりは「こっちです」、
「すわりなさい」よりは「すわりましょう」のほうがよいでしょう。

6. 同じ課題では同じことばを使う

同じ課題でも、指導者が変わるとことばかけが変わってしまうことがあります。また同じ指導者でも、ことばかけが変わることがあります。それだけで課題ができなくなる子どもがいます。同じ状態で同じことばを使うようにします。

(3) 触り方

「○のはめ板」と「○の形」を例にとり説明します。

1. 学習の初期においては、子どもは目の前の空間に呈示されたはめ板や形をよく触り、机上面まで移動するはめ板や形を追視します。机上面でよく見ながら触ります。

2. 反利き手をはめ板の上におき、利き手ではめ板の○の凹図形を触るようにします。

3. ○の凹図形の触り方は次のようにします。

> **Flow1** ○の凹図形のふちを、人差し指でゆっくりなぞるようにします。
>
> **Flow2** ○の凹図形の全体を、四指でゆっくり触ります。
>
> **Flow3** ○の凹図形のふちを、人差し指でもう一度ゆっくりなぞるようにします。
> ・なぞる運動の始点と終点は、いつも同じところにします。
> ・なぞる運動の方向は、いつも同じにします。(右利きは時計回り)

(4) 学習空間

1. 利き手側の空間が見えやすく操作しやすいので、利き手側の空間から学習を始めます。

2. 苦手な空間(反利き手側)でも、よく見て操作できるようにします。

3. はめ板や形の呈示位置を、利き手側から反利き手側に少しずつ移行して学習を進めます。

4. 視覚対象までの視距離や、操作する利き手の可動範囲を考えて、学習空間を設定します。

第**2**章 ○△□を見比べる・見分ける学習

(5) ほめ方

1. 課題ができた瞬間にすぐほめます。

2. 心からほめます。ことば・表情・アクションなどで、うれしそうにほめます。

3. ほめ方は子どもの実態に応じて工夫します。
・ことばで（「できた！」「やったー！」「OK!」「ピンポーン！」「正解！」など）。
・ジェスチャーで（拍手、頭をなでる、グーで親指を立てる、など）。
・五重まる、はなまる、シール、スタンプなどで。

4. ほめるタイミングを考えましょう。
・一動作ごとに、何度もよくほめましょう。
・目標達成ごとや、一課題ごとに、ほめましょう。

14 やってみましょう

それでは、❹の「一対一」（21ページ）から、「❺視覚認知を高める呈示のステップ」（25ページ）にそって、「❼方法とことばかけ」（28ページ）を参考に、まず、実際にやってみましょう。

(1) 作りましょう（教具の作成）

教具の特徴については「❷教材・教具について」（18ページ）で詳しく述べてあります。ここでは、教具を作るときの具体的な事がらについて説明します。

＜はめ板一枚に凹図形は一つ＞
市販の教具で、はめ板一枚に複数の図形がくりぬいてあるものをよく見かけます。これで課題が成立するのであれば、これでよいです。
この教具で課題が成立しないときや、これから初めて形の学習をするときは、「一枚のはめ板に凹図形一つ」の教具で学習します。

<大きさ1> 凹図形には適度なゆとりが必要

前述したように、はめ板はすべらせたり形を入れたりする操作がしやすく見えやすい大きさ、形は手に持って握りこめる大きさが望ましいです。はめ板の凹図形は、形を入れたり出したりするときに、スムーズに操作できる適度なゆとりが必要です。ゆとりがありすぎると、形を動かして遊ぶ子どもがいますので注意しましょう。

<大きさ2> 凹図形には一つの形のみが入るように

はめ板の凹図形と、入れる形の寸法によっては、次のような状態になることがあります。
　・○の凹図形に△の形も入ってしまう。
　・□の凹図形に○の形も入ってしまう。
このようなことが起きないように留意しましょう。
その凹図形には、その形のみ入るように、教具を作成します。

<厚さ> 形ははめ板よりもやや厚めに

形の厚さは、厚すぎても薄すぎても操作しにくいです。子どもの操作しやすい厚さが望ましいでしょう。はめ板の凹図形に形を入れたとき、形がはめ板よりもやや高くなる程度の厚さが必要です。同じ厚さでは、入れたとき平らで、触って確かめにくいです。少し高いと、形を入れたとき触って確かめ実感することができます。

<形についている取っ手> ないほうが望ましい

はめ板に入れる形に、つまむための取っ手がついているものがあります(図2-71)。上部が丸くなっているものが多いようです。形を弁別するためには、○△□の形を十分触って実感することが大切です。取っ手がないほうが望ましいです。

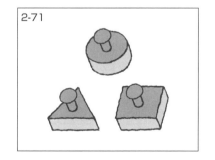

2-71

<色> 三つのはめ板、三つの凹図形、三つの形はそれぞれ同色が望ましい

様々な所で「形の弁別」の指導法についての研修会を行い、講師を務めています。受講者に形の教具について事前にお知らせし、作って持参して参加してもらっています。手作りの教具を使い、二人一組で指導者役と子どもの役になって行う演習を中心とした研修会です。手作りの教具では、鮮やかな色を塗ったものが目を

ひきます。教材作りに熱心な方ほど、いろいろ美しい色が塗ってあります。次に三つの例をあげます。

例1、○△□の「はめ板」「はめ板の凹図形」「はめる形の表裏」が、
　　すべて異なる色で塗ってあるもの

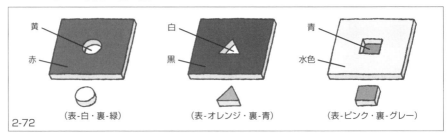

例2、○△□の「はめ板」「はめ板の凹図形」が同じ色、
　　「はめる形」は表裏が同じ色で、○△□が異なる色

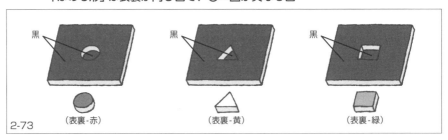

例3、○△□の「はめ板」は同じ色
　　「はめ板の凹図形」は○△□とも同じ色、
　　「入れる形」も○△□は表裏とも同じ色、
　　「はめ板」と「はめ板の凹図形」と「入れる形」は、たがいに見えやすい異なる色

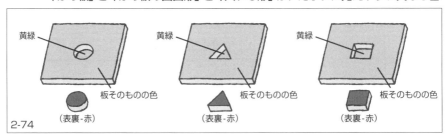

　色の使い方として、例1は極端ですが、例2はよく見られるケースです。教具の色は、目に優しく見えやすい色が望ましいです。例1・例2のように形によって色が異なると、形をよく見ないで色を手がかりにして選択肢を選ぶことがあります。
　形の弁別の学習を課題として、きちんと成立させるためには、三枚のはめ板は同じ色（例・台の板そのものの色）、三つの凹図形は同じ色（例・黄緑）、三つの形も同じ色（例・赤）がよいです。例3の教具が最もよいといえます。

※「はめ板」「はめ板の凹図形」「入れる形」が、三つの色の関係で見えやすいことが大切です。同じ赤でも、明るい赤、暗い赤、つやつやした赤など、いろいろあります。明度・彩度・色相・輝度をよく考えて工夫しましょう。

(2) 学習を始める前に

　机や椅子が子どもに合っているか、よい姿勢で学習できるか配慮する必要があります。

1. 机と椅子

　机や椅子は、不安定なものでなく、高さも子どもに合ったものにします。

2. 学習空間

　学習空間（机上面）は、課題に合った適切な大きさ（広さ）が必要です。はめ板の学習では、学校の学習机は狭いと考えています。両肘を机の上に乗せて操作しやすい空間、選択肢を呈示するための空間が必要です。奥行き・幅に、適度なゆとりのある広さが望ましいです。

3. 姿勢

　腰と膝がほぼ直角で、背筋が伸びている姿勢がよいです。つま先だけが床に着いてかかとが浮いていたり、両足がブラブラしたりしているのは、体が不安定になり、足で遊ぶなど、学習への集中がおろそかになるので望ましくありません。足首がほぼ直角で、足の裏がつま先からかかとまで床にしっかり着いている状態がよいです。机から体が離れていると、姿勢がくずれたり、前かがみになったりします。机におなかが接しているか、少しだけ間がある状態が、よい姿勢を保つポイントです。

(3) さあ、始めます

　はめ板の学習では「❷教材・教具について」(18ページ) で述べたように、○を入れるのが最もやさしい課題です。○のはめ板で、「❹初めの一歩『一対一』」(21ページ) を行ってから、「❺視覚認知を高める呈示のステップ」(25ページ) にそって学習を進めましょう。

　○が正選択肢のとき、選択肢の組み合わせが「○と△」と「○と□」では、どちらがやさしいでしょうか?

　選択肢二つの場合、正選択肢と誤選択肢の差が大きいほどやさしいです。「○と△」のほうが、視覚情報（形・面積）や触覚情報（触ったときの角の大きさの違い）などで差が大きく、「○と□」よりやさしいのです。

　○の「一対一」の後、「○と△」で○を選ぶ学習から始めます。

　次のことに気をつけて進めましょう。

第2章 ○△□を見比べる・見分ける学習

1. 怒らない、笑顔で

課題ができないときに怒ると、学習をきらいにしてしまいます。
「なぜできないの」「今やったばかりでしょ」などのことばは、使わないようにします。
できないとき、なぜできないのかをよく考えましょう。学習場面では、怒らないことが大切です。学習が好きになるように、笑顔で進めましょう。

2. 優しいことばかけ

席を立ってしまう子どもに「立ってはいけません」より、「すわって（ください）」、見ていない子どもに、「どこ見てるの！」より「ここを見て（ください）」といういい方をしましょう。
優しい、適切なことばで学習します。

3. はめ板の撤去

選択肢を選ぶとき、まちがえさせない工夫として、誤選択肢を適切に撤去して、誤選択肢を取らせない・触れさせないことが大切であることは、前述したとおりです。
しかし、子どもの手の動きが速くて、誤選択肢を取られてしまうことがあります。そのときは、すばやくはめ板を引いて撤去します。はめ板の上に誤選択肢を置かせないことが大切です。
子どもの目や手の動きが把握できるようになると、誤選択肢をすばやく撤去できるようになります。

4. 呈示するとき、名称をいわない

選択肢を呈示するとき、名称をいうと、よく見ないでことばで選んでしまうことがあります。「まる」「さんかく」といわないで呈示します。

5. はめ板に入れた後で、名称をいう

はめ板に正選択肢の○を入れた後、指先で輪郭線をなぞりながら確かめます。このとき、「これは、まる」といいます。

6. 子どもの目や手を見る

演習を中心とした研修会で、指導者役の方が、呈示した教具（はめ板や形）を見て学習を進めている姿をよく見かけます。
慣れないうちはやむをえませんが、指導者が把握しなければならないのは、子どもの目や手の動きです。子どもの視線や、視線の先にあるものを見たり、子どもの手の動きとその方向を把握したりすることで、どちらの選択肢を取ろうとしているかが予測できます。学習を進めるうえで、子どもの目や手の動きを把握することは、まちがえさせない工夫をするために最も大切です。

58

15 こんなときには、どうしたらよいでしょう?

Q1 呈示しても手を動かそうとしません

A はめ板を呈示しても、形を呈示しても、手を動かそうとしない場合は、これまで述べてきたように、触らせ方、見せ方、呈示の仕方、ことばかけとそのタイミングなどを、子どもの実態に応じて検討する必要があります。また、子どもの興味・関心を引き出して学習態度を育てるようにすることが大切です。

<手だて1> 模範を示す
どのように操作して課題を解決するのか、手順を示して理解できるようにします。
二つの選択肢を見比べて、正選択肢を選んで取り、すべらせてはめ板に入れるという一連の動作をよく見せます。

<手だて2> すべて援助して行う
利き手で正選択肢を取り、すべらせてはめ板に入れるという一連の動作を、すべて援助して行います。
学習の進展につれて援助の量を減らし、自発の運動がふえるようにすることが大切です。

<手だて3> 形の呈示位置を工夫する
Step1「一対一」で行います。はめ板の凹図形に、半分ぐらい形を入れて呈示します（図2-75）。触っただけではめ板に形を入れることができます。そして、すぐに心からよくほめます。
できるようになったら、はめ板の凹図形のふちに接するように形を呈示して、少しすべらせて入れます（図2-76）。

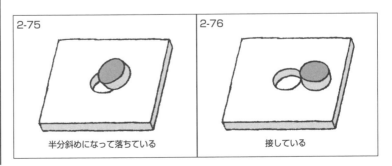

2-75 半分斜めになって落ちている　　2-76 接している

学習の伸展につれて、すべらせる長さを、少しずつ長くしていきます。このような学習による成就感や称賛が学習意欲を高め、信頼関係をつくり、学習態度を育てることにつながります。
はめ板の外側に形を呈示してできるようになったら、「❺視覚認知を高める呈示のステップ」(25ページ)の課題に進むことができるでしょう。

 選択肢の形を見ません

A　机上に呈示した選択肢の形を見ないときは、見るための工夫をします。

＜手だて1＞ ゆっくり机上で移動
机上に置いた形を見ないようであれば、子どもの目の前で見せ、追視させながらゆっくり机上に移動して置くようにします。

＜手だて2＞ 音を出して視線を誘導
選択肢をトントンとたたいて音を出し、視線を誘導します。

＜手だて3＞ 手で触れているところへ視線を誘導
子どもの手を持って形に触れさせ、トントンとたたいて音を出し視線を誘導します。自分の手が選択肢に触れていることによって、見るところがわかり、見ようとします。

 視線が止まりません

A　あっちこっち見ていたり、いつまでも選択肢を交互に見ていたりして、正選択肢に視線が止まらない子どもがいます。その場合は次のようにします。

＜手だて1＞ 正選択肢を教える
子どもの手を持って「こっち」といいながら、正選択肢に触れさせる、正選択肢を指さしする、正選択肢をトントンとたたいて音を出す、「ここを見て」とことばかけをするなどの働きかけをして、視線を正選択

肢に誘導します。正選択肢を見た瞬間「そうだね。今見てるね」とことばかけをして教えます。
正選択肢から視線がそれないうちに、見た瞬間をとらえてことばかけをすることが大切です。そして誤選択肢をすばやく撤去します。

<手だて2> 最初に見た瞬間をとらえることがポイント
子どもの視線の動きが把握できるようになったら、正選択肢を最初に見たとき（初発の反応）にその瞬間をとらえて「そうだね。今見てるね」とことばかけをします。
そして誤選択肢をすばやく撤去します。これができるようになることが、学習を定着・進展させるためのポイントになります。

Q4 誤選択肢を取ってしまいます

まちがえさせない工夫が必要です。
誤選択肢に触れさせないことが大切です。

<手だて1> 触れさせて正選択肢を教える
子どもの利き手を持って、「こっち」といいながら正選択肢に触れさせ、子どもが見たとき「そうだね、これだね」といって、すぐに誤選択肢を撤去します。そして心からよくほめます。

<手だて2> 音を出して正選択肢に視線を誘導
見ないときは、「ここを見て」とことばかけをして、正選択肢を指さしながらトントンとたたいて音を出し、視線を誘導します。
子どもが正選択肢を見て持ったら、「そうだね、よく見たね、これだね」といって、すぐに誤選択肢を撤去します。そして心からよくほめます。

<手だて3> 指さしして正選択肢を教える
「こっち」といいながら正選択肢を指さしして教えます。子どもが正選択肢を持ったら、「そうだね、これだね」といって、すぐに誤選択肢を撤去します。そして心からよくほめます。

<手だて4> 「よく見て」とことばかけをする
誤選択肢を見て迷っているときに、「よく見て」とことばかけをすると、視線が正選択肢に移ります。すかさず「それだね」といって教えます。

初期においては待たずに正選択肢を教えましょう

●すぐに対応しないときは、待たずに正選択肢を教えましょう。誤選択肢に触れさせないで正選択肢を教えることが、課題を理解し、定着することにつながります。

●学習の初期においては、反応を待っている時間が長いほど、子どもは不安定な状態になります。その結果まちがえると、学習意欲が低下し、信頼関係も成立しにくくなります。待たずにすぐに「こっちですよ」といって正選択肢を教えましょう。そして、よくほめることが、学習意欲を高め、信頼関係をつくります。

Q5 先出しを取ってしまいます

A 後出しの選択肢を出す前に、先出しの選択肢を取ってしまうときは以下のようにします。

＜手だて１＞ 伸びてくる手を軽く受け止める

先出しの選択肢を取ろうとして伸びてくる手を軽く受け止めます。手を動かそうとした瞬間を見逃さずに、「ちょっと待ってね」とことばかけをしながら、伸びてくる手をてのひらで軽く受け止めるようにします。伸びてくる手が選択肢に近くなるほど、運動の抑制は難しくなります。伸びてくる手を押し返すことはやめましょう。
ただし、行動を抑制したことによって学習に支障が出るようであれば、この方法はやめましょう。

＜手だて２＞ 遠くに呈示する (図2-77)

学習空間の、子どもから見て遠い位置（上のほう）に呈示します。選択肢が遠いので、取るまでに時間がかかります。
その間に「待っててね」とことばかけをしたり、伸びてくる手を軽く止めたりすることができます。
先出しの選択肢を取らなくなったら、呈示の場所をはめ板と子どもの間に戻します。

15 こんなときには、どうしたらよいでしょう？

Q6 両手で二つの選択肢を持ってしまいます

A 呈示の方法を工夫します。利き手だけで操作するようにします。反利き手で形に触れさせないようにする工夫が大切です。

<手だて1> 遠くから呈示してすべらせて見せる

机の、子どもと反対側のふちの下から、選択肢の形を一つずつ出して見せます。少しずつ出しながら、机の端に呈示します。
そして、机の上をはめ板の横まですべらせて移動します。（図2-78）

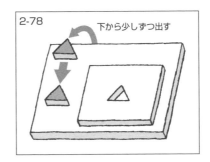

その間に「待っててね」とことばかけをしたり、伸びてくる反利き手を軽く受け止めたりします。

<手だて2> 呈示板を使う

形を呈示する空間、つまり、細長い板などで作った呈示板（図2-79）を用意します。磁石でつくようにしてもよいでしょう。
桟をつけて形を立てかけるようにしてもよいでしょう。（図2-80）

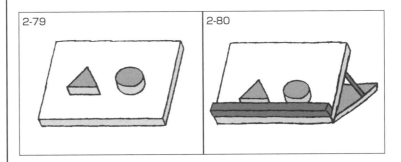

呈示板に形を一つずつ置きます。
呈示板に乗せた形を子どもの目の高さに呈示します。両手が伸びてきたら、呈示板を後ろに引いて、形に触れさせないようにします。
その間に「待っててね」とことばかけをしたり、伸びてくる反利き手を軽く受け止めたりします。

呈示板をはめ板の利き手側に置きます。そして、利き手で正選択肢を取るようにします。
学習の進展につれて、呈示板を、子どもと反対側のはめ板の上の位置に呈示します。できるようになったら、少しずつ反利き手側に移動します。
学習空間の中央でできるようになったら、呈示板を使わなくてもよいでしょう。

※この＜手だて1、2＞の方法はQ5「先出しを取ってしまいます」(62ページ)のときにも応用できます。

後出しの誤選択肢を取ってしまいます

A 誤選択肢に触れさせないことが大切です。誤選択肢に触れる前に正選択肢を教えます。

＜手だて1＞ 正選択肢を教える
子どもの手を持って「こっち」といいながら正選択肢に触れさせる、正選択肢をトントンとたたいて音を出す、正選択肢を指さしする、「ここを見て」とことばかけをする、などの方法で教えます。

＜手だて2＞ 利き手側先出しのとき、最初の呈示位置を反利き手側に寄せる
利き手側先出しのとき、呈示空間を工夫します。
形を呈示する位置を、反利き手側に寄せます。少しずつ利き手側に移動し、はめ板と子どもの間に呈示してできるようにしていきます。

＜手だて3＞ 反利き手側先出しのとき、呈示位置を利き手側に寄せる
反利き手側先出しのとき、呈示空間を工夫します。
形を呈示する位置を、利き手側に寄せます。先出しの正選択肢の呈示位置が、利き手のすぐ前になるようにします。
できるようになったら、少しずつ反利き手側に移動し、はめ板と子どもの間に呈示して、できるようにしていきます。

＜手だて4＞ 後出しの学習を先にする
学習順序を変えます。利き手側、反利き手側で後出しの学習をしてから先出しをします。

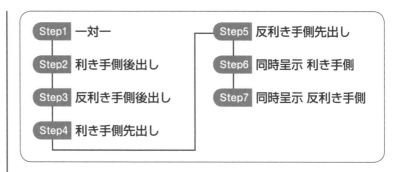

＜手だて5＞ 同時呈示の学習の後に先出しをする
学習順序を変えます。同時呈示の学習をしてから先出しをします。

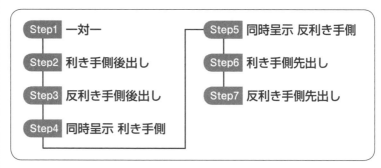

Q8 呈示したはめ板で遊んでしまいます

形の呈示の仕方を次のように工夫します。

＜手だて1＞ はめ板を押さえる
遊ばれないように、はめ板を押さえて動かないようにします。
「手はおひざ」などとことばかけをして、伸びてくる手の動きをてのひらで軽く止めます。そして、「ここを見て」といいながら選択肢を呈示し、トントンとたたいて音を出して視線を誘導します。

＜手だて2＞ はめ板を遠くに呈示する
すぐに触られないように、呈示位置を工夫します。はめ板を、子どもから見て、学習空間の遠い位置に呈示します。そして、「ここを見て」といいながら選択肢を呈示し、トントンとたたいて音を出して視線を誘導します。
正選択肢を取ったとき、誤選択肢を撤去しながら、はめ板を子どものほうにすべらせて近づけます。

第2章 ○△□を見比べる・見分ける学習

正選択肢を取っても、はめ板に入れずに遊んでしまいます

A　正選択肢を選んで取っても、振ったり、口に持っていったり、たたいたり、投げたりするときは、正選択肢を持った後、遊ぶ時間がないように次のようにします。

＜手だて1＞ すぐにすべらせてはめ板に入れる
正選択肢を持ったら、すぐに手を添えて、すべらせてはめ板に入れます。そして、心からよくほめるようにしましょう。

＜手だて2＞ 援助してすばやく入れる
正選択肢を持った瞬間、誤選択肢を撤去しながら、もう片方の手を正選択肢を持っている子どもの手に添えて、すばやく誘導してはめ板に入れるようにします。そして、心からよくほめるようにしましょう。

正選択肢を入れた後、はめ板で遊んでしまいます

A　正選択肢を選んではめ板に入れたのに、はめ板を持って遊んでしまう場合は、以下のようにします。

＜手だて1＞ はめ板を押さえる
遊ばれないように、はめ板を押さえて動かないようにします。
正選択肢をはめ板に入れたら、すぐに心からよくほめます。
子どもの両手に手を添えて、拍手をしてほめるのは、遊ばれないようにするよい工夫でしょう。

＜手だて2＞ はめ板を撤去する
正選択肢を入れたら、「そうだね」などといいながら、はめ板をすぐに撤去します。そして心からよくほめます。

はめ板が二枚になったらまちがえます

A　形が一つで、選択肢がはめ板二枚になったとき、学習方法が今までと変わったので、できなくなることがあります。

66

<手だて1> 正選択肢を教える

子どもの手を持って「こっち」といいながら正選択肢のはめ板に触れさせる、正選択肢をトントンとたたいて音を出す、正選択肢を指さしする、「ここを見て」とことばかけをする、などの方法で教えます。

<手だて2> 正選択肢を近づける

後出し・先出し・同時呈示の順に学習を進めます。まちがえさせない工夫として、正選択肢のはめ板を子どものほうにすべらせて近づけます。(図2-81)

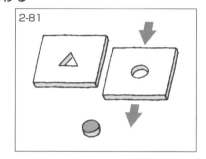

<手だて3> 形の呈示位置を工夫する

選択肢のはめ板二枚を呈示します。まちがえさせない工夫として、形を正選択肢の真下に呈示します。(図2-82)
できるようになったら、形を真ん中に呈示して学習を進めます。

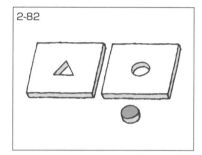

Q12 はめ板二枚のとき、残りのはめ板が気になります

A 誤選択肢として呈示したはめ板には、入れる形がありません。それが気になって仕方がない子どもがいます。どうしたらよいでしょう。

<手だて1> すぐに撤去する

正選択肢のはめ板に形を入れた後、誤選択肢のはめ板を呈示したままにしておくと、それを触る子どもがいます。なかには、正選択肢のはめ板の形を取って、誤選択肢のはめ板に入れようとすることもあります。
正選択肢のはめ板に形を入れたら、「そうだね」といいながらすぐに誤選択肢のはめ板を撤去します。

<手だて2> 誤選択肢の形を呈示する

正選択肢のはめ板に形を入れたら、すぐに「そうだね」といってから、誤選択肢の形を、そのはめ板の真下に呈示します。(図2-83)子どもがはめ板に入れたら「よくできたね」といいながら二枚のはめ板を撤去します。そして心からよくほめます。

残りのはめ板に形を入れることによって、心理的に安定します。

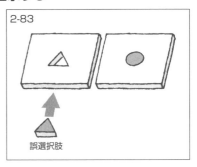

Point

実践における大事なポイント

● 適切なことばかけとタイミング
● よく触る・よく見る工夫
● 「ここを見て・よく見て」といって、子どもが見たとき、「今、見てるね」のことばかけ
● ❺「考える力を育てるスモールステップ」(25ページ以降) を守ること

まちがえさせない工夫をすることが大切です。

第3章 「大きい・小さい」を 見比べる・見分ける学習
（視覚認知を高める「大小・大中小の弁別」）

1 「大小・大中小」の学習の意味

　同じ形で大きさの違うものを見比べる・見分けるためには、線の長さや面の広さなどの、形の弁別とは違う要素に着目する力をつけなければなりません。視覚や触覚による情報を処理する活動が、いっそう広がることになります。

　「大小（大きい・小さい）」「長短（長い・短い）」「多少（多い・少ない）」「軽重（軽い・重い）」などは「未測量（数値で表されていない量）」の分野に入り、「大小」の学習は「未測量の学習」の導入でもあります。ちなみに、「未測量」に対して、数として表された量は「既測量」といいます。

　二つの形の「大小」を見分けることができるようになったら、「大中小」の学習に入ります。三つの形の大きさを比べるためには、「中ぐらい」や「大きい順、小さい順」の概念理解が必要になります。

　「形」や「大小・大中小」の学習をすることで、空間における「位置・方向・順序」の関係を理解する力を高め、「文字や数の学習」という「記号操作の学習」につなげていくことができます。ここに、「大小・大中小」の学習の意味があります。

　導入時期については、いろいろな考え方があるでしょう。

　子どもの成長は直線的ではなく、個性の違いもありますので、実態に応じて学習の順序を考えましょう。一例としては、次のような順序が考えられます。

> ①延滞の学習→形の弁別→未測量の学習→「同じ」の概念形成
> ②延滞の学習→未測量の学習→形の弁別→「同じ」の概念形成
> ③延滞の学習や形の弁別と並行して行う。

※本書では指導内容のわかりやすさの観点から、「延滞の学習」を第5章にしました。

第3章 「大きい・小さい」を見比べる・見分ける学習

2 教材・教具について

「はめ板」と「形」を用いて学習します。
形をくりぬいた凹図形のあるほうを「はめ板」、入れるほうを「形」と呼びます。

(1) 大小

①○（図3-1）　②□（図3-2）　③△（図3-3）

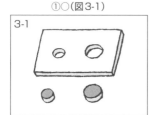 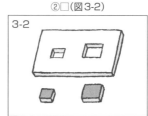 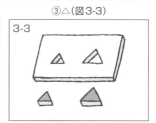

(2) 大中小

①○（図3-4）　②□（図3-5）　③△（図3-6）

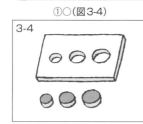 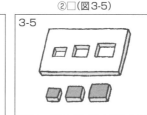 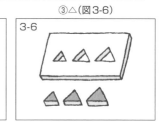

操作性では○が最も操作しやすく、次が□、その次が△です。
△の鋭角が□の直角より角を合わせにくいことは第2章で述べたとおりです。ここでは○を用いて説明していきます。

3 呈示の原則

(1) 選択肢を呈示する位置と順序

第2章の「形の学習」と同様に、選択肢を呈示する位置と順序を次の原則に立って考えます。

①利き手（働き手）については、「利き手側→反利き手側」
②位置については、「真下に呈示→斜め下に呈示」
③順序については、「後出し→先出し→同時呈示」

＊前者がやさしく、後者が難しくなります。

70

2 教材・教具について

(2) 大きさに対する親和性

　子どもによって、「大きさに対する親和性」に次のようなタイプが見られます。大小・大中小の学習では、選択肢の呈示に際してこれらの親和性についても考慮する必要があります。

Aタイプ（「大」に親和性があるタイプ）
　どのような呈示の仕方をしても、几帳面に必ず大きいほうから取って入れます。

Bタイプ（「小」に親和性があるタイプ）
　どんな呈示をしても、小さいほうから取って入れます。

Cタイプ（「大・小」どちらにもこだわらないタイプ）
　最初に取るものの親和性に、顕著な傾向が見られません。

Dタイプ（「中ぐらいの大きさ」に親和性があるタイプ）
　大中小の学習では、中ぐらいの大きさから取って入れるタイプがあります。このタイプはまれにしか見られません。

---

(3) 実際に指導する際に「形」を呈示する順序

　(1)(2)を考慮しながら、実際に指導する際に、「形」の呈示の順序は次のように考えて学習を進めます。

---

①形を一つ呈示してはめ板に入れてから、次の形を呈示する場合
　大きい順に呈示します。
　大きい形は、はめ板の小さい凹図形には入らないので、誤反応を生ずることがなく、やさしいです。

②形をすべて（二つ、あるいは三つ）呈示してから、一つずつはめ板に入れる場合
　小さい順に呈示します。
　大きい形は呈示が後になります。記憶の新しい順（呈示と逆の順）、つまり、大きい順にはめ板に入れることになり、誤反応を起こすことが少なくなります。

71

第3章 「大きい・小さい」を見比べる・見分ける学習

4 視覚認知を高める呈示のステップ＜1＞
「○の大小の弁別」

○を例にとり、利き手を右と仮定して、以下に説明します。
□と△についても同様に考えます。
はめ板は、常に、小の凹図形が左側になるように呈示します。

第1段階　模範動作

Step1　模範を示す

はめ板を呈示します。
小の凹図形の下に小の形を、大の凹図形の下に大の形を、一つずつ呈示します。
指導者が「大の形」「小の形」の順に入れて見せ、模範を示します。（図3-7）

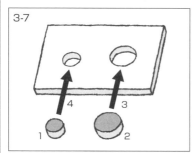

3-7

Step2　一緒に行う

はめ板を呈示します。
小の凹図形の下に小の形を、大の凹図形の下に大の形を一つずつ呈示します。子どもの手をとって、「大の形」「小の形」の順に、入れる動作を一緒に行います。

※Step1とStep2は、一連のまとまりとして学習します。

第2段階　選択肢一つを呈示

Step1　3-8

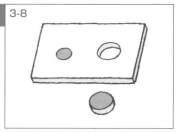

小の形を入れた状態で、はめ板を呈示します。大の凹図形の下に大の形を呈示します。（図3-8）

Step2　3-9

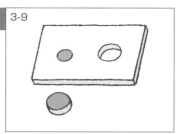

小の形を入れた状態で、はめ板を呈示します。小の凹図形の下に大の形を呈示します。（図3-9）

Step3　3-10

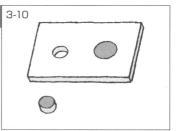

大の形を入れた状態で、はめ板を呈示します。小の凹図形の下に小の形を呈示します。（図3-10）

Step4　3-11

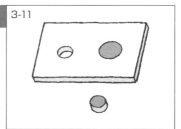

大の形を入れた状態で、はめ板を呈示します。大の凹図形の下に小の形を呈示します。（図3-11）

4 視覚認知を高める呈示のステップ＜1＞「○の大小の弁別」

> **Point**
> - ステップの順序は子どもの実態に応じて組み替えて学習しましょう。
> - 視覚認知を高める呈示のステップは、「考える力」を育てるスモールステップです。そして、まちがえさせない工夫でもあります。

第3段階　選択肢二つを、時間差をつけて呈示

Step1　3-12

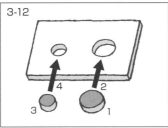

「小の形」を真下に後出しで呈示(図3-12)
① 大の凹図形の下に大の形を呈示します。
② 大の形を入れます。
③ 小の凹図形の下に小の形を呈示します。
④ 小の形を入れます。

以下の二つの観点で、学習順序を考えてあります。

- **「大きい形」を先に呈示するのは、まちがえさせない工夫です。**
  「小さい形」は大・小いずれの凹図形にも入れることができるので、先に呈示すると「大の凹図形」に入れるという誤反応を誘発しやすいのです。

Step2　3-13

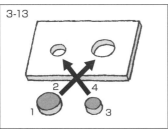

「小の形」を斜め下に後出しで呈示(図3-13)
① 小の凹図形の下に大の形を呈示します。
② 大の形を入れます。
③ 大の凹図形の下に小の形を呈示します。
④ 小の形を入れます。

- **真下の呈示のほうが、斜め下の呈示よりやさしいです。**
  真下の呈示は、視線の動きが少なく、上下だけなので見比べやすいです。すぐ上の凹図形に入れればよいので正反応がしやすいのです。一方、斜め下の呈示は、視線の動きに斜めの方向が加わることで、少し見比べにくくなります。すぐ上の凹図形に入れる誤反応を起こしやすいのです。

Step3　3-14

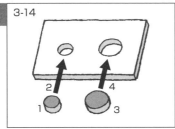

「小の形」を真下に先出しで呈示(図3-14)
① 小の凹図形の下に小の形を呈示します。
② 小の形を入れます。
③ 大の凹図形の下に大の形を呈示します。
④ 大の形を入れます。

Step4　3-15

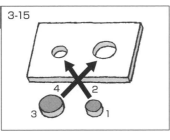

「小の形」を斜め下に先出しで呈示(図3-15)
① 大の凹図形の下に小の形を呈示します。
② 小の形を入れます。
③ 小の凹図形の下に大の形を呈示します。
④ 大の形を入れます。

第3章 「大きい・小さい」を見比べる・見分ける学習

| 第4段階 選択肢二つを真下に呈示 | → | 第5段階 選択肢二つを、斜め下に呈示 |

Step1 3-16

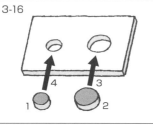

はめ板を呈示します。小の凹図形の下に小の形を呈示してから、続けて大の凹図形の下に大の形を呈示します。大の形を入れてから、続けて小の形を入れるようにします。（図3-16）

Step1 3-19

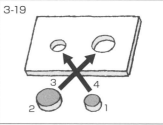

はめ板を呈示します。大の凹図形の下に小の形を呈示してから、続けて小の凹図形の下に大の形を呈示します。大の形を入れてから、続けて小の形を入れるようにします。（図3-19）

Step2 3-17

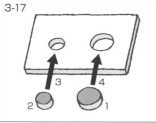

はめ板を呈示します。大の凹図形の下に大の形を呈示してから、続けて小の凹図形の下に小の形を呈示します。小の形を入れてから、続けて大の形を入れるようにします。（図3-17）

Step2 3-20

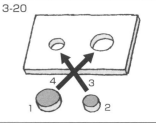

はめ板を呈示します。小の凹図形の下に大の形を呈示してから、続けて大の凹図形の下に小の形を呈示します。小の形を入れてから、続けて大の形を入れるようにします。（図3-20）

Step3 3-18

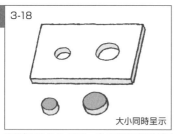

大小同時呈示

はめ板を呈示します。小の凹図形の下に小の形を、大の凹図形の下に大の形を同時に呈示します。（図3-18）
どちらを先に入れるかは、子どもが決めるようにします。

Step3 3-21

大小同時呈示

はめ板を呈示します。小の凹図形の下に大の形を、大の凹図形の下に小の形を同時に呈示します。（図3-21）
どちらを先に入れるかは、子どもが決めるようにします。

5 視覚認知を高める呈示のステップ＜2＞「〇の大中小の弁別」

5 視覚認知を高める呈示のステップ＜2＞
「〇の大中小の弁別」

〇を例にとり、利き手を右と仮定して、以下に説明します。
□と△についても同様に考えます。
はめ板は、常に、小の凹図形が左側になるように呈示します。

第1段階　模範動作

Step1　模範を示す

はめ板を呈示します。
小の凹図形の下に小の形を、
中の凹図形の下に中の形を、
大の凹図形の下に大の形を
一つずつ呈示します。
指導者が「大の形」「中の形」「小の形」の順に
入れて見せ、模範を示します。（図3-22）

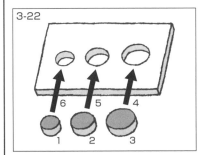
3-22

Step2　一緒に行う

はめ板を呈示します。
小の凹図形の下に小の形を、
中の凹図形の下に中の形を、
大の凹図形の下に大の形を、
一つずつ呈示します。
子どもの手をとって、「大の形」「中の形」
「小の形」の順に、入れる動作を一緒に行
います。

※Step1とStep2は、一連のまとまりとして学習し
ます。

第2段階　選択肢一つを呈示

ステージ1　「大の形」一つを呈示

Step1

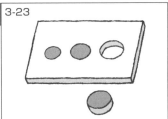
3-23

小と中の形を入れた状態ではめ板を呈示
します。
大の凹図形の下に大の形を呈示します。
（図3-23）

Step2

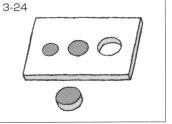
3-24

小と中の形を入れた状態ではめ板を呈示
します。
中の凹図形の下に大の形を呈示します。
（図3-24）

Step3

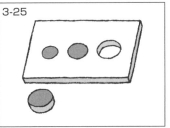
3-25

小と中の形を入れた状態ではめ板を呈示
します。
小の凹図形の下に大の形を呈示します。
（図3-25）

第3章 「大きい・小さい」を見比べる・見分ける学習

第2段階　選択肢一つを呈示

ステージ2　「小の形」一つを呈示

Step1　3-26

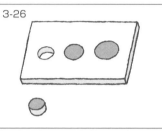

中と大の形を入れた状態ではめ板を呈示します。
小の凹図形の下に小の形を呈示します。
（図3-26）

Step2　3-27

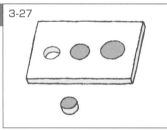

中と大の形を入れた状態ではめ板を呈示します。
中の凹図形の下に小の形を呈示します。
（図3-27）

Step3　3-28

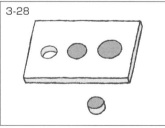

中と大の形を入れた状態ではめ板を呈示します。
大の凹図形の下に小の形を呈示します。
（図3-28）

ステージ3　「中の形」一つを呈示

Step1　3-29

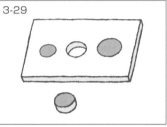

小と大の形を入れた状態ではめ板を呈示します。
中の凹図形の下に中の形を呈示します。
（図3-29）

Step2　3-30

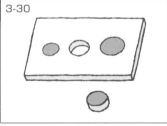

小と大の形を入れた状態ではめ板を呈示します。
大の凹図形の下に中の形を呈示します。
（図3-30）

Step3　3-31

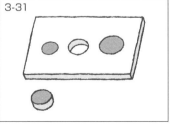

小と大の形を入れた状態ではめ板を呈示します。
小の凹図形の下に中の形を呈示します。
（図3-31）

5 視覚認知を高める呈示のステップ＜2＞「〇の大中小の弁別」

> **Point**
> ●形を呈示する順序〔1〕
> 形を一つ呈示してはめ板に入れてから、
> 次の形を呈示する場合、
> ①大の形を最初に呈示するのがやさしいです。
> ②小の形を最初に呈示するのが、次にやさしいです。
> ③中の形を最初に呈示するのが、難しいです。
>
> ●選択肢二つを同時に呈示して、
> 　難しい場合は、次のように学習します。
> 形を一つずつ呈示して、二つ呈示してから、
> はめ板に入れます。
> ①小さいほうを呈示、続けて大きいほうを呈示。
> ②大きいほうを呈示、続けて小さいほうを呈示。

第3段階　選択肢二つを呈示

ステージ1　「小の形」と「大の形」を呈示

Step1　3-32

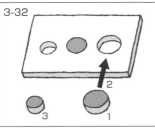

中の形を入れた状態ではめ板を呈示します。
大の凹図形の下に大の形を呈示します。
大の形を入れてから、小の凹図形の下に小の形を呈示します。（図3-32）

Step2　3-33

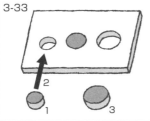

中の形を入れた状態ではめ板を呈示します。
小の凹図形の下に小の形を呈示します。
小の形を入れてから、大の凹図形の下に大の形を呈示します。（図3-33）

Step3　3-34

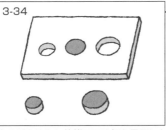

中の形を入れた状態ではめ板を呈示します。
小の凹図形の下に小の形を、大の凹図形の下に大の形を、同時に呈示します。（図3-34）

Step4　3-35

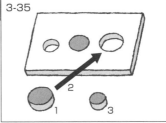

中の形を入れた状態ではめ板を呈示します。
小の凹図形の下に大の形を呈示します。
大の形を入れてから、大の凹図形の下に小の形を呈示します。（図3-35）

Step5　3-36

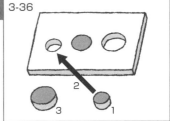

中の形を入れた状態ではめ板を呈示します。
大の凹図形の下に小の形を呈示します。
小の形を入れてから、小の凹図形の下に大の形を呈示します。（図3-36）

Step6　3-37

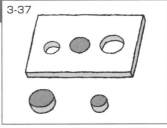

中の形を入れた状態ではめ板を呈示します。
大の凹図形の下に小の形を、小の凹図形の下に大の形を、同時に呈示します。（図3-37）

第3章 「大きい・小さい」を見比べる・見分ける学習

第3段階 選択肢二つを呈示

ステージ2 「中の形」と「大の形」を呈示

Step1 3-38

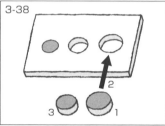

小の形を入れた状態ではめ板を呈示します。
大の凹図形の下に大の形を呈示します。
大の形を入れてから、中の凹図形の下に中の形を呈示します。（図3-38）

Step2 3-39

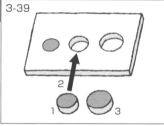

小の形を入れた状態ではめ板を呈示します。
中の凹図形の下に中の形を呈示します。
中の形を入れてから、大の凹図形の下に大の形を呈示します。（図3-39）

Step3 3-40

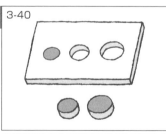

小の形を入れた状態ではめ板を呈示します。
中の凹図形の下に中の形を、大の凹図形の下に大の形を、同時に呈示します。（図3-40）

Step4 3-41

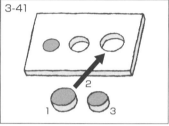

小の形を入れた状態ではめ板を呈示します。
中の凹図形の下に大の形を呈示します。
大の形を入れてから、大の凹図形の下に中の形を呈示します。（図3-41）

Step5 3-42

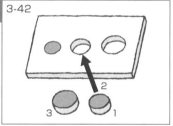

小の形を入れた状態ではめ板を呈示します。
大の凹図形の下に中の形を呈示します。
中の形を入れてから、中の凹図形の下に大の形を呈示します。（図3-42）

Step6 3-43

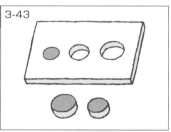

小の形を入れた状態ではめ板を呈示します。
大の凹図形の下に中の形を、中の凹図形の下に大の形を同時に呈示します。（図3-43）

5 視覚認知を高める呈示のステップ＜2＞「○の大中小の弁別」

| ステージ3 | 「小の形」と「中の形」を呈示 |

Step1 3-44

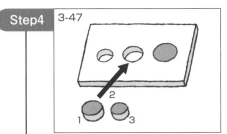

大の形を入れた状態ではめ板を呈示します。
中の凹図形の下に中の形を呈示します。
中の形を入れてから、小の凹図形の下に小の形を呈示します。（図3-44）

Step2 3-45

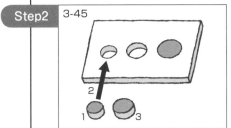

大の形を入れた状態ではめ板を呈示します。
小の凹図形の下に小の形を呈示します。
小の形を入れてから、中の凹図形の下に中の形を呈示します。（図3-45）

Step3 3-46

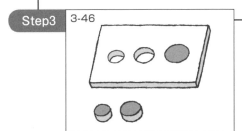

大の形を入れた状態ではめ板を呈示します。
小の凹図形の下に小の形を、中の凹図形の下に中の形を、同時に呈示します。（図3-46）

Step4 3-47

大の形を入れた状態ではめ板を呈示します。
小の凹図形の下に中の形を呈示します。
中の形を入れてから、中の凹図形の下に小の形を呈示します。（図3-47）

Step5 3-48

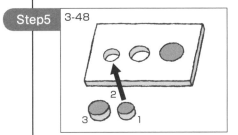

大の形を入れた状態ではめ板を呈示します。
中の凹図形の下に小の形を呈示します。
小の形を入れてから、小の凹図形の下に中の形を呈示します。（図3-48）

Step6 3-49

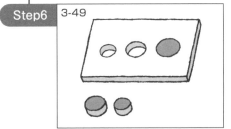

大の形を入れた状態ではめ板を呈示します。
中の凹図形の下に小の形を、小の凹図形の下に中の形を同時に呈示します。（図3-49）

79

第3章 「大きい・小さい」を見比べる・見分ける学習

第4段階 選択肢三つを呈示

ステージ1 形三つを真下に呈示

Step1 3-50

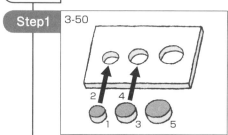

はめ板を呈示します。
小の凹図形の下に小の形を呈示します。
小の形を入れてから、中の凹図形の下に中の形を呈示します。
中の形を入れてから、大の凹図形の下に大の形を呈示します。（図3-50）

Step2 3-51

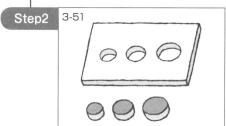

はめ板を呈示します。
小の凹図形の下に小の形を、中の凹図形の下に中の形を、大の凹図形の下に大の形を、同時に呈示します。（図3-51）

5 視覚認知を高める呈示のステップ<2>「○の大中小の弁別」

> **Point**
> - 形三つを同時に呈示する場合は、呈示板を利用します。（第2章 ⓯の呈示板を参照 63ページ）
> - 形を呈示する順序〔2〕
>   形を一つずつ呈示して、三つ呈示してから入れる場合
>   ①大の形を最後に呈示するのがやさしいです。
>   ②小の形を最後に呈示するのが、次にやさしいです。
>   ③中の形を最後に呈示するのが、難しいです。
> - 選択肢三つを同時に呈示して、難しい場合は、次のように学習します。
>   形を一つずつ呈示して、三つ呈示してから、はめ板に入れます。
>   ※形の呈示の順序は、左記〔2〕を応用します。

ステージ2　中の凹図形の下に「中の形」を呈示

Step1　3-52

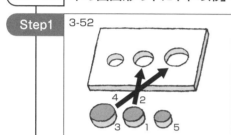

はめ板を呈示します。
中の凹図形の下に中の形を呈示します。
中の形を入れてから、小の凹図形の下に
大の形を呈示します。
大の形を入れてから、大の凹図形の下に
小の形を呈示します。（図3-52）

Step2　3-53

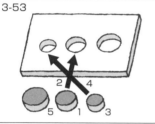

はめ板を呈示します。
中の凹図形の下に中の形を呈示します。
中の形を入れてから、大の凹図形の下に
小の形を呈示します。
小の形を入れてから、小の凹図形の下に
大の形を呈示します。（図3-53）

Step3　3-54

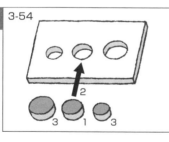

はめ板を呈示します。
中の凹図形の下に中の形を呈示します。
中の形を入れてから、大の凹図形の下に
小の形を、小の凹図形の下に大の形を、
同時に呈示します。（図3-54）

Step4　3-55

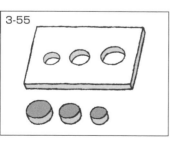

はめ板を呈示します。
中の凹図形の下に中の形を、小の凹図形
の下に大の形を、大の凹図形の下に小の
形を、同時に呈示します。（図3-55）

81

第3章 「大きい・小さい」を見比べる・見分ける学習

第4段階 選択肢三つを呈示

ステージ3 小の凹図形の下に「小の形」を呈示

Step1 3-56

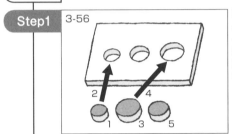

はめ板を呈示します。
小の凹図形の下に小の形を呈示します。
小の形を入れてから、中の凹図形の下に大の形を呈示します。
大の形を入れてから、大の凹図形の下に中の形を呈示します。（図3-56）

Step2 3-57

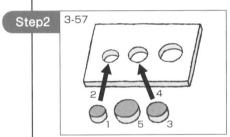

はめ板を呈示します。
小の凹図形の下に小の形を呈示します。
小の形を入れてから、大の凹図形の下に中の形を呈示します。
中の形を入れてから、中の凹図形の下に大の形を呈示します。（図3-57）

Step3 3-58

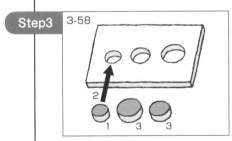

はめ板を呈示します。
小の凹図形の下に小の形を呈示します。
小の形を入れてから、大の凹図形の下に中の形を、中の凹図形の下に大の形を、同時に呈示します。（図3-58）

Step4 3-59

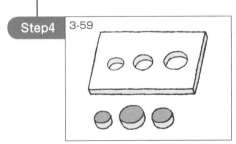

はめ板を呈示します。
小の凹図形の下に小の形を、中の凹図形の下に大の形を、大の凹図形の下に中の形を、同時に呈示します。（図3-59）

5 視覚認知を高める呈示のステップ <2>「○の大中小の弁別」

ステージ4　大の凹図形の下に「大の形」を呈示

Step1　3-60

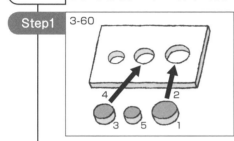

はめ板を呈示します。
大の凹図形の下に大の形を呈示します。
大の形を入れてから、小の凹図形の下に
中の形を呈示します。
中の形を入れてから、中の凹図形の下に
小の形を呈示します。（図3-60）

Step2　3-61

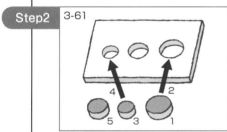

はめ板を呈示します。
大の凹図形の下に大の形を呈示します。
大の形を入れてから、中の凹図形の下に
小の形を呈示します。
小の形を入れてから、小の凹図形の下に
中の形を呈示します。（図3-61）

Step3　3-62

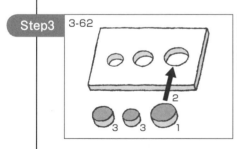

はめ板を呈示します。
大の凹図形の下に大の形を呈示します。
大の形を入れてから、中の凹図形の下に
小の形を、小の凹図形の下に中の形を同
時に呈示します。（図3-62）

Step4　3-63

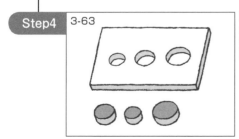

はめ板を呈示します。
大の凹図形の下に大の形を、小の凹図形
の下に中の形を、中の凹図形の下に小の
形を、同時に呈示します。（図3-63）

83

第3章 「大きい・小さい」を見比べる・見分ける学習

第4段階 選択肢三つを呈示

ステージ5 形三つとも斜め下に呈示

Step1 3-64

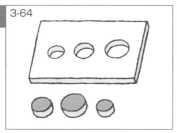

はめ板を呈示します。
小の凹図形の下に中の形を、中の凹図形の下に大の形を、大の凹図形の下に小の形を呈示します。(図3-64)

①形を一つずつ呈示します。 呈示した形をはめ板に入れてから、次の形を呈示します。

(ア)一つめの形を呈示します。それをはめ板に入れます。
(イ)二つめの形を呈示します。それをはめ板に入れます。
(ウ)三つめの形を呈示します。それをはめ板に入れます。

学習と呈示の順序は次のようになります。

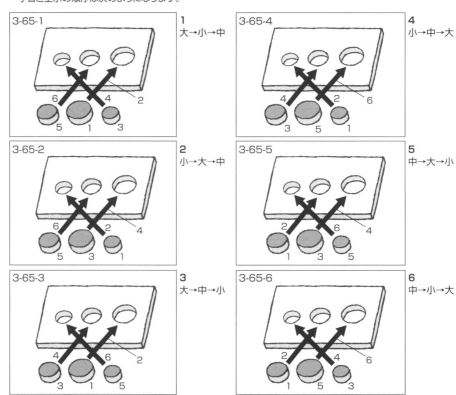

5 視覚認知を高める呈示のステップ＜2＞「○の大中小の弁別」

Point ●学習のステップや形の呈示の順序は、子どもの実態に応じて、組み替えたり、省略したりしましょう。
まちがえさせない工夫が大切です。

②形を一つずつ呈示します。　三つ呈示してから入れるようにします。

学習と呈示の順序は次のようになります。

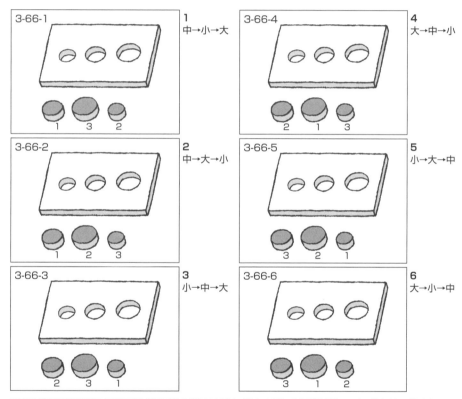

※呈示と逆の順（記憶の新しい順）ではめ板に入れるのがやさしいです。難しいときは、入れる順に形を一つずつポインティングします。
　まちがえなければ、この順に入れなくてもよいでしょう。

③形を三つ同時に呈示します。

第3章 「大きい・小さい」を見比べる・見分ける学習

第4段階　選択肢三つを呈示

Step2　3-67

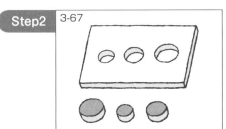

はめ板を呈示します。
小の凹図形の下に大の形を、中の凹図形の下に小の形を、大の凹図形の下に中の形を呈示します。（図3-67）

①形を一つずつ呈示します。呈示した形をはめ板に入れてから、次の形を呈示します。
　(ア) 一つめの形を呈示します。それをはめ板に入れます。
　(イ) 二つめの形を呈示します。それをはめ板に入れます。
　(ウ) 三つめの形を呈示します。それをはめ板に入れます。

　学習と呈示の順序は、84ページの「Step1 ①」1～6と同じです。

②形を一つずつ呈示します。三つ呈示してから入れるようにします。

　学習と呈示の順序は、85ページの「Step1 ②」1～6と同じです。

③形を三つ同時に呈示します。
　三つ同時に呈示するときは、呈示板を利用するとよいでしょう。

6 方法とことばかけ＜1＞

❹視覚認知を高める呈示のステップ＜1＞ 「○の大小の弁別」のStepの中の次の二つの例（72・73ページ）で、学習の方法とことばかけについて説明します。

利き手は、右と仮定します。はめ板は、常に、小の凹図形が左側になるように呈示します。子どもの一動作ごとに「よくできたね」と心からほめましょう。

(1) 選択肢一つを呈示の場合

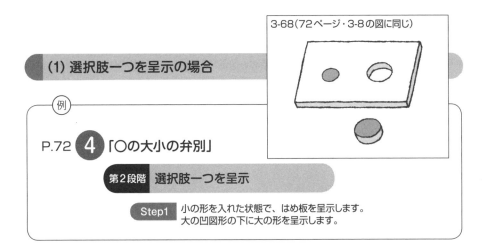

例

P.72 ❹ 「○の大小の弁別」

第2段階 選択肢一つを呈示

Step1 小の形を入れた状態で、はめ板を呈示します。
大の凹図形の下に大の形を呈示します。

1. 小の形を入れた状態ではめ板を呈示

- あ はめ板をよく見せながら、学習面（机上面）の中央に呈示します。

- い 「ここを見て」といいながら、はめ板を指先でトントンとたたいて音を出し、視線を誘導します。

- う 「左手を置きましょう」といいます。
はめ板の、小の凹図形の左斜め下に、左手（支え手）を置くようにします。

2. 大の凹図形をなぞる

- あ 「右手でぐるぐるします」といいます。
「ぐるぐるぐる、大きいまる」といいながら、はめ板の大の凹図形のふちをなぞる模範を示します。

- い 「一緒にやってみましょう」といいます。
援助して、「ぐるぐるぐる、大きいまる」といいながら、子どもの右手の人差し指でなぞるようにします。

第3章 「大きい・小さい」を見比べる・見分ける学習

3. 大の形を呈示

あ 大の凹図形の下に、大の形を呈示します。

い 「ここを見て」といいながら、大の形を指先でトントンとたたいて音を出し、視線を誘導します。

> **Point 子どもが見ないときは……**
>
> ●**触らせます**
> ・大の形を触らせます。
>
> ●**視線を誘導する工夫をします**
> ・子どもの手に手を添えて、呈示した大の形を触らせます。
> 　自分の手の位置を意識させるために、「ここを見て」といいながら、子どもの手をタッピングします。そして視線を誘導します。自分の手が大の形にふれていて位置がわかるので、視線を向けて見ることがふえてきます。
> ・「ここを見て」といいながら、呈示した大の形をポインティングして音を出します。そして視線を誘導します。ポインティングして音を出すことによって位置がわかり、視線を向けて見ることがふえてきます。
>
> ●**ことばかけをします**
> ・「ここを見て」「よく見て」といわれて子どもが見たとき、「今見てるね」「じょうずに見てるね」などのことばかけをします。このことばかけが、注視する・追視するなどの視機能を高めるために大切です。

4. 大の形を入れる

あ はめ板の大の凹図形を指先でトントンとたたいて音を出しながら、「大きいまる、ここに入るのは、どれですか」とことばかけをします。

い 呈示した大の形を見た瞬間（手を伸ばして大の形を取ろうとした瞬間）、「そうだね」といいます。

う 右手で、大の形を持ちます。
「じょうずに持てたね」といいます。

え 「はめ板の上に置いて」とことばかけをします。
持った大の形を、はめ板の上に置きます。

お 「すべらせて入れて」とことばかけをします。
すべらせて、大の形をはめ板に入れます。

6 方法とことばかけ <1>

> **Point** 呈示するときの留意点
>
> ●呈示するとき、名称はいいません。
>   選択肢を呈示するとき、「大きいまる・小さいまる」などの名称はいわないようにします。「ここを見て」ということばかけで呈示します。名称をいうと、よく見ないで、ことばに反応して選んでしまうことがあるからです。
>
> **形はすべらせて入れる**
> ●すべらせて入れる運動が、右手と左手・目と手の協応動作を発達させるために大切です。
> ●すべらせる運動を追視することが、選択肢を見比べる・見分けるなどの視覚認知の向上につながります。
> ●すべらせる動きを、「よく見て」などのことばかけで追視するようにします。視線がそれたら、すべらせる動きを止めます。その場で大の形をポインティングしながら、「ここを見て」などのことばかけをして再び視線を誘導します。

5. よくほめる

心からよくほめます。
ほめ方は子どもの実態に応じて工夫します。

(例) 「で・き・た！」といいながら、子どものてのひらと指導者のてのひらをパチ・パチ・パチと合わせます。

6.「小さいまる」「大きいまる」という

あ はめ板に入っている小の形の輪郭を指でなぞりながら、「小さいまる」といって模範を示します。
「一緒にしましょう」といいます。援助して、子どもの右手の人指し指でなぞりながら「小さいまる」と一緒にいうようにします。

い はめ板に入っている大の形の輪郭を指でなぞりながら、「大きいまる」といって模範を示します。
「一緒にしましょう」といいます。援助して、子どもの右手の人指し指でなぞりながら「大きいまる」と一緒にいうようにします。

> **はめ板に入れてから名称をいいます**
> 名称は、次の順序でいえるようにします。
>
> **Flow1** 「小さいまる」「大きいまる」を聞いて、子どもがまねをしていうようにします。
> **Flow2** 指導者と一緒にいうようにします。
> **Flow3** 子どもが一人でいうようにします。

7. よくほめる

「よくできました」とことばかけをして、ほめます。

> **Point**
> ● ことばかけは、学習の進展につれて減らすようにします。
> ● 模範は、できるようになったら省略してもよいでしょう。
> ● まちがえさせない工夫が大切です。

(2) 選択肢二つを呈示の場合

3-69（73ページ・3-12の図に同じ）

例

P.73 **4** 「〇の大小の弁別」

第3段階 選択肢二つを、時間差をつけて呈示

Step1 「小の形」を真下に後出しで呈示

1. はめ板を呈示

あ はめ板をよく見せながら、学習面（机上面）の中央に呈示します。

い 「ここを見て」といいながら、はめ板を指先でトントンとたたいて音を出し、視線を誘導します。

う 「左手を置きましょう」といいます。
はめ板の小の凹図形の左斜め下に、左手（支え手）を置くようにします。

2. 大の凹図形をなぞる

あ 「右手でぐるぐるします」といいます。
「ぐるぐるぐる、大きいまる」といいながら、はめ板の大の凹図形のふちをなぞる模範を示します。

い 「一緒にやってみましょう」といいます。
援助して、「ぐるぐるぐる、大きいまる」といいながら、子どもの右手の人差し指でなぞるようにします。

3. 大の形を呈示

あ 大の凹図形の下に大の形を呈示します。

い 「ここを見て」といいながら、大の形を指先でトントンとたたいて音を出し、視線を誘導します。（図3-70）

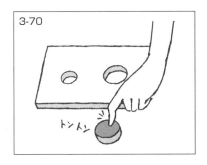

4. 大の形を入れる

あ はめ板の大の凹図形を指先でトントンとたたいて音を出しながら、「大きいまる、ここに入るのは、どれですか」とことばかけをします。

い 呈示した大の形を見た瞬間（手を伸ばして大の形を取ろうとした瞬間）、「そうだね」といいます。

う 右手で、大の形を持ちます。
「じょうずに持てたね」といいます。

え 「はめ板の上に置いて」とことばかけをします。
持った大の形を、はめ板の上に置きます。

お 「すべらせて入れて」とことばかけをします。
すべらせて、大の形をはめ板に入れます。

5. 小の凹図形をなぞる

あ 「右手でぐるぐるします」といいます。
「ぐるぐるぐる、小さいまる」といいながら、はめ板の小の凹図形のふちをなぞる模範を示します。

い 「一緒にやってみましょう」といいます。
援助して、「ぐるぐるぐる、小さいまる」といいながら、子どもの右手の人差し指でなぞるようにします。

6. 小の形を呈示

あ 小の凹図形の下に小の形を呈示します。

い 「ここを見て」といいながら、小の形を指先でトントンとたたいて音を出し、視線を誘導します。（図3-71）

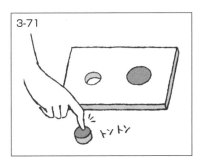

7. 小の形を入れる

あ はめ板の小の凹図形を指先でトントンとたたいて音を出しながら、「小さいまる、ここに入るのは、どれですか」とことばかけをします。

い 呈示した小の形を見た瞬間（手を伸ばして小の形を取ろうとした瞬間）、「そうだね」といいます。

う 右手で、小の形を持ちます。
「じょうずに持てたね」といいます。

え 「はめ板の上に置いて」とことばかけをします。
持った小の形を、はめ板の上に置きます。

お 「すべらせて入れて」とことばかけをします。
すべらせて、小の形をはめ板に入れます。

8. よくほめる

心からよくほめます。
ほめ方は子どもの実態に応じて工夫します。

(例) 「で・き・た！」といいながら、子どものてのひらと指導者のてのひらを
パチ・パチ・パチと合わせます。

9. 「小さいまる」「大きいまる」という

あ はめ板に入っている小の形の輪郭を指でなぞりながら「小さいまる」といって模範を示します。
「一緒にしましょう」といいます。
援助して、子どもの右手の人指し指でなぞりながら「小さいまる」と一緒にいうようにします。

い はめ板に入っている大の形の輪郭を指でなぞりながら「大きいまる」といって模範を示します。
「一緒にしましょう」といいます。
援助して、子どもの右手の人指し指でなぞりながら「大きいまる」と一緒にいうようにします。

> **はめ板に入れてから名称をいいます**
> ※名称をいう順序は、89ページを参照にしてください。

10. よくほめる

「よくできました」とことばかけをして、ほめます。

7 方法とことばかけ＜2＞

❺視覚認知を高める呈示のステップ＜2＞「○の大中小の弁別」（75ページ～）のStepの中の、次の三つの例で学習の方法とことばかけについて説明します。

利き手は右と仮定します。はめ板は、常に、小の凹図形が左側になるように呈示します。まちがえさせない工夫が大切です。

（1）選択肢一つを呈示の場合

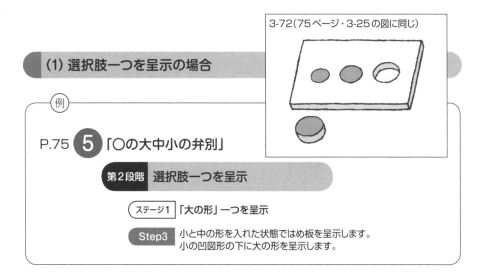

3-72（75ページ・3-25の図に同じ）

例

P.75 ❺「○の大中小の弁別」

第2段階　選択肢一つを呈示

ステージ1　「大の形」一つを呈示

Step3　小と中の形を入れた状態ではめ板を呈示します。
小の凹図形の下に大の形を呈示します。

1．小と中の形を入れた状態で、はめ板を呈示

あ　はめ板をよく見せながら、学習面（机上面）の中央に呈示します。

い　「ここを見て」といいながら、はめ板を指先でトントンとたたいて音を出し、視線を誘導します。

う　「左手を置きましょう」といいます。
はめ板の小の凹図形の左斜め下に、左手（支え手）を置くようにします。

2．大の凹図形をなぞる

「右手でぐるぐるします」といいます。
援助して、「ぐるぐるぐる、大きいまる」といいながら、はめ板の大の凹図形のふちを、子どもの右手の人差し指でなぞるようにします。

3. 大の形を呈示

あ 小の凹図形の下に大の形を呈示します。

い 「ここを見て」といいながら、大の形を指先でトントンとたたいて音を出し、視線を誘導します。

> **Point 見る工夫を！**
>
> ● 見ないときは、触らせたり、タッピングしたり、ポインティングしたりして、視線を誘導する工夫をします。
> ※ 88ページの「子どもが見ないときは……」を参照。
>
> ● 「ここを見て」とことばかけをして、子どもが見たとき、「見てるね」のことばかけが大切です。
> 「見てるね」のことばかけが、注視する・追視するなどの視機能の向上につながります。

4. 大の形を入れる

あ はめ板の大の凹図形を指先でトントンとたたいて音を出しながら、「大きいまる、ここに入るのは、どれですか」とことばかけをします。

い 呈示した大の形を見た瞬間（手を伸ばして大の形を取ろうとした瞬間）、「そうだね」といいます。

う 「すべらせて入れて」とことばかけをします。

え すべらせて、大の形をはめ板に入れます。

> **Point**
> ● すべらせて入れることが、目と手の協応動作の向上を図り、すべらせる動きを追視することが、視機能の高次化につながります。
> ※ 89ページの「形はすべらせて入れる」を参照。

5. よくほめる

心からよくほめます。
ほめ方は子どもの実態に応じて工夫します。

 「で・き・た！」といいながら、子どものてのひらと指導者のてのひらをパチ・パチ・パチと合わせます。

7 方法とことばかけ <2>

6. 「小さいまる」「中ぐらいのまる」「大きいまる」という

あ はめ板に入っている小の形の輪郭を指でなぞりながら、「小さいまる」というようにします。

い はめ板に入っている中の形の輪郭を指でなぞりながら、「中ぐらいのまる」というようにします。

う はめ板に入っている大の形の輪郭を指でなぞりながら、「大きいまる」というようにします。

7. よくほめる

「よくできました」とことばかけをして、ほめます。

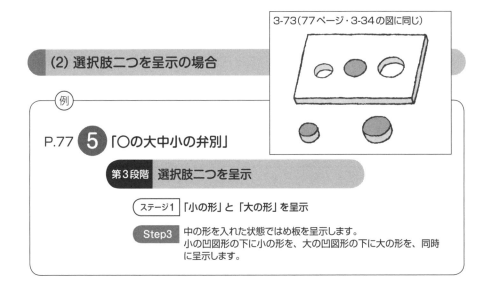

3-73(77ページ・3-34の図に同じ)

(2) 選択肢二つを呈示の場合

例

P.77 **5** 「〇の大中小の弁別」

第3段階 選択肢二つを呈示

ステージ1 「小の形」と「大の形」を呈示

Step3 中の形を入れた状態ではめ板を呈示します。
小の凹図形の下に小の形を、大の凹図形の下に大の形を、同時に呈示します。

1. 中の形を入れた状態ではめ板を呈示

あ はめ板をよく見せながら、学習面（机上面）の中央に呈示します。

い 「ここを見て」といいながら、はめ板を指先でトントンとたたいて音を出し、視線を誘導します。

う 「左手を置きましょう」といいます。
はめ板の小の凹図形の左斜め下に、子どもの左手（支え手）を置くようにします。

第3章 「大きい・小さい」を見比べる・見分ける学習

2. 大の凹図形をなぞる

「右手でぐるぐるします」といいます。
援助して、「ぐるぐるぐる、大きいまる」といいながら、はめ板の大の凹図形のふち
を、子どもの右手の人差し指でなぞるようにします。

3. 選択肢を呈示

あ 小の凹図形の下に小の形を、大の凹図形の下に大の形を、よく見せながら同時に呈示します。

い 「ここを見て」といいながら、呈示した形を指先でトントンとたたいて音を出し、視線を誘導します。

Point よく見るためのポイント

●呈示した形をよく見るための工夫として、次のように学習を進めます。

Flow1 小さい○、大きい○の順にポインティングして視線を誘導します。

Flow2 大きい○、小さい○の順にポインティングして視線を誘導します。

Flow3 できるようになったら、ポインティングなしで学習します。

● 「ここを見て」とことばかけをして、子どもが見たとき、「見てるね」のことばかけが大切です。

4. 大の形を入れる

あ はめ板の大の凹図形を指先でトントンとたたいて音を出しながら、「大きいまる、ここに入るのは、どっちですか」とことばかけをします。

い 呈示した大の形を見た瞬間（手を伸ばして大の形を取ろうとした瞬間）、「そうだね」といいます。

う 「すべらせて入れて」とことばかけをします。

え すべらせて、大の形をはめ板に入れます。

5. 小の凹図形をなぞる

「右手でぐるぐるします」といいます。
援助して、「ぐるぐるぐる、小さいまる」といいながら、はめ板の小の凹図形のふち
を、子どもの右手の人差し指でなぞるようにします。

7 方法とことばかけ <2>

6. 小の形を入れる

あ はめ板の小の凹図形を指先でトントンとたたいて音を出しながら、「小さいまる、ここに入るのは、どれですか」とことばかけをします。

い 呈示した小の形を見た瞬間（手を伸ばして小の形を取ろうとした瞬間）、「そうだね」といいます。

う 「すべらせて入れて」とことばかけをします。

え すべらせて、小の形をはめ板に入れます。

学習順序 難易度によって学習順序を決めます

Flow1 **大きい○を先になぞって入れる**
例で示したように、大の形が先のほうがやさしいです。
できるようになったら次の **Flow2** で学習します。

Flow2 **小さい○を先になぞって入れる**
5. 3. 6. 2. 4. の順で学習します。
できるようになったら次の **Flow3** で学習します。

Flow3 **はめ板に入れる形を子どもが決める**
このときの方法とことばかけは、次のようになります。

あ 「右手でぐるぐるします」といいます。
援助して、はめ板の小の凹図形のふちを「ぐるぐるぐる、小さいまる」、続けて、大の凹図形のふちを「ぐるぐるぐる、大きいまる」といいながら、子どもの右手の人差し指でなぞるようにします。

い 「入れて」とことばかけをします。

う どちらかの形を持って、はめ板に入れます。
「そうだね、じょうずだね」とことばかけをします。

え 再び「入れて」とことばかけをします。

お 残ったほうの形をはめ板に入れます。

●「子どもが決める」には次のようなタイプが見られます。
・形を手に取ってから、はめ板を見比べて入れる。
・はめ板を見て、入れる形を決めてから、呈示された形を見比べて取る。

第3章 「大きい・小さい」を見比べる・見分ける学習

7. よくほめる

心からよくほめます。
ほめ方は子どもの実態に応じて工夫します。

(例)「で・き・た！」といいながら、子どものてのひらと指導者のてのひらを
パチ・パチ・パチと合わせます。

8. 「小さいまる」「中ぐらいのまる」「大きいまる」という

あ はめ板に入っている小の形の輪郭を指でなぞりながら、「小さいまる」というように
します。

い はめ板に入っている中の形の輪郭を指でなぞりながら、「中ぐらいのまる」というよ
うにします。

う はめ板に入っている大の形の輪郭を指でなぞりながら、「大きいまる」というように
します。

9. よくほめる

「よくできました」とことばかけをして、ほめます。

(3) 選択肢三つを呈示の場合

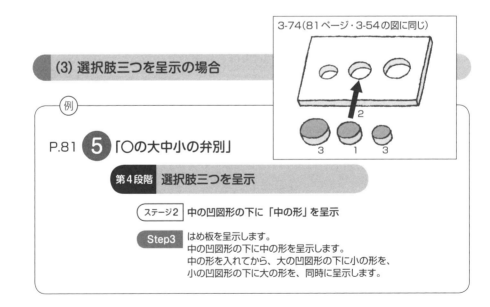

3-74（81ページ・3-54の図に同じ）

(例)

P.81 **5** 「〇の大中小の弁別」

第4段階 選択肢三つを呈示

ステージ2 中の凹図形の下に「中の形」を呈示

Step3 はめ板を呈示します。
中の凹図形の下に中の形を呈示します。
中の形を入れてから、大の凹図形の下に小の形を、
小の凹図形の下に大の形を、同時に呈示します。

7 方法とことばかけ <2>

> 1. はめ板を呈示

- あ はめ板をよく見せながら、学習面（机上面）の中央に呈示します。

- い 「ここを見て」といいながら、はめ板を指先でトントンとたたいて音を出し、視線を誘導します。

- う 「左手を置きましょう」といいます。
  はめ板の小の凹図形の左斜め下に、左手（支え手）を置くようにします。

> 2. 中の凹図形をなぞる

「右手でぐるぐるします」といいます。
援助して、「ぐるぐるぐる、中ぐらいのまる」といいながら、はめ板の中の凹図形のふちを、子どもの右手の人差し指でなぞるようにします。

> 3. 中の形を呈示

- あ 中の凹図形の下に中の形を呈示します。

- い 「ここを見て」といいながら、中の形を指先でトントンとたたいて音を出し、視線を誘導します。（図3-75）

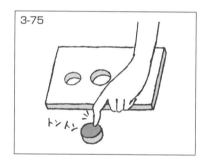

> 4. はめ板に中の形を入れる

- あ はめ板の中の凹図形を指先でトントンとたたいて音を出しながら、「中ぐらいのまる、ここに入るのは、どれですか」とことばかけをします。

- い 呈示した中の形を見た瞬間（手を伸ばして中の形を取ろうとした瞬間）、「そうだね」といいます。

- う 「すべらせて入れて」とことばかけをします。

- え すべらせて、中の形をはめ板に入れます。

5. 小と大の凹図形をなぞる

あ　「右手でぐるぐるします」といいます。
援助して、「ぐるぐるぐる、小さいまる」といいながら、はめ板の小の凹図形のふちを、子どもの右手の人差し指でなぞるようにします。

い　続けて、同じように大の凹図形のふちをなぞるようにします。

6. 小の形と大の形を呈示

あ　大の凹図形の下に小の形を、小の凹図形の下に大の形を、よく見せながら同時に呈示します。（図3-76）

い　「ここを見て」といいながら、呈示した形を指先でトントンとたたいて音を出し、視線を誘導します。

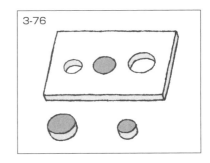
3-76

7. はめ板に小の形と大の形を入れる

あ　「入れて」とことばかけをします。

い　どちらかの形を持って、はめ板に入れます。
「そうだね、じょうずだね」とことばかけをします。

う　再び「入れて」とことばかけをします。

え　残ったほうの形をはめ板に入れます。

> **Point** ●できないときは、（2）「選択肢二つを呈示の場合」（95ページ）の方法で行います。
> まちがえさせない工夫が大切です。

8. よくほめる

心からよくほめます。
ほめ方は子どもの実態に応じて工夫します。

例　「で・き・た！」といいながら、子どものてのひらと指導者のてのひらをパチ・パチ・パチと合わせます。

7 方法とことばかけ <2>

9. 「小さいまる」「中ぐらいのまる」「大きいまる」という

あ はめ板に入っている小の形の輪郭を指でなぞりながら、「小さいまる」というように します。

い はめ板に入っている中の形の輪郭を指でなぞりながら、「中ぐらいのまる」というよ うにします。

う はめ板に入っている大の形の輪郭を指でなぞりながら、「大きいまる」というように します。

10. よくほめる

「よくできました」とことばかけをして、ほめます。

第3章 「大きい・小さい」を見比べる・見分ける学習

8 やってみましょう

(1) 作りましょう (教具の作成)

＜凹図形の下をそろえる＞

はめ板の凹図形は、大小・大中小の下がそろうように作ります。

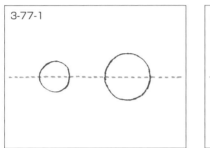
3-77-1

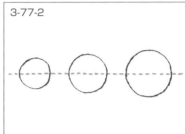
3-77-2

中心をそろえたはめ板。

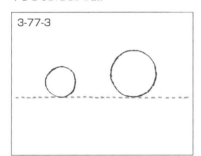
3-77-3

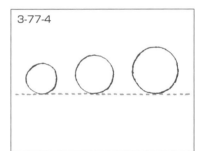
3-77-4

下をそろえたはめ板。こちらがよい。

中心線がそろっているもの (図3-77-1および図3-77-2) より、下がそろっているほうが、見て違いがわかりやすいです。△や□も同じように作ります。

＜大きさ＞操作しやすいものを

はめ板は、すべらせたり形を入れたりする操作がしやすく、見えやすい大きさが適切です。

凹図形は、形を入れたり出したりするときに、スムーズに操作できる適度なゆとりが必要です。

＜厚さ＞形は、はめ板よりもやや厚く

形の厚さは、厚すぎても薄すぎても操作しにくくなります。子どもの操作しやすい厚さが望ましいです。はめ板の凹図形に形を入れたとき、触って確認するた

めに、形がはめ板よりもやや高くなる程度の厚さが必要です。

＜形についている取っ手＞つけません
形に取っ手がついていないものがよいです。

＜色＞はめ板・はめ板の凹図形・形はそれぞれ違う色で
はめ板・はめ板の凹図形・形が、互いに見えやすく、異なる色にします。
大小・大中小とも、凹図形の色は同じ色にします。
大小・大中小とも、形も同じ色にします。

(2) さあ、始めます

❹視覚認知を高める呈示のステップ＜1＞「○の大小の弁別」(72ページ～) にそって、❻方法とことばかけ＜1＞(87ページ～) を応用しながら始めましょう。

> **Point** 次のことを念頭において進めましょう。
> ・笑顔で。
> ・優しいことばかけで。
> ・子どもの目や手を見て。

　呈示した教具（はめ板や形）を見て学習を進めがちですが、指導者が把握しなければならないのは、子どもの目や手の動きです。
　子どもの視線や、視線の先にあるものを見たり、子どもの手の動きとその方向を見たりすることで、どちらの選択肢を取ろうとしているかが予測できます。学習を進めるうえで、子どもの目や手の動きを把握することは、まちがえさせない工夫をするために最も大切です。

第3章 「大きい・小さい」を見比べる・見分ける学習

 こんなときには、どうしたらよいでしょう？

※ 第2章「○△□を見比べる・見分ける学習」の「⑮ こんなときには、どうしたらよいでしょう？」(59ページ〜)を応用します。

Q1 教材を呈示しても課題に向かおうとしません

A

＜手だて1＞ 模範をして見せる

＜手だて2＞ 全部援助する
手の動きを援助するだけでなく、「小さいまる・中ぐらいのまる・大きいまる」などのことばも、一緒にいうようにします。
学習の進展につれて援助の量を減らし、自発の運動がふえるようにします。

＜手だて3＞ 形の呈示位置を工夫する

Q2 呈示した形を見ません

A

＜手だて1＞ ゆっくり動かして視線を誘導する
子どもの目の高さに呈示してよく見せてから、ゆっくり動かして視線を誘導し、机上に置きます。

＜手だて2＞ ポインティングして視線を誘導する

＜手だて3＞ タッピングして視線を誘導する

Q3 呈示したはめ板の凹図形を見ません

A

＜手だて1＞ 凹図形をポインティングして視線を誘導する

＜手だて2＞ タッピングして視線を誘導する
凹図形のふちに子どもの手を置いて、タッピングして視線を誘導します。

9 こんなときには、どうしたらよいでしょう？

<手だて3> なぞりながら「まる」という
凹図形のふちを、子どもの手に手をそえてなぞりながら、「大きいまる」（「小さいまる・中ぐらいのまる」）というようにします。

Q4 視線が動いてしまい正選択肢に止まりません

A

<手だて1> 視線を誘導して教える
ポインティングをするなど、視線を誘導して正選択肢を教えます。

<手だて2> 瞬間をとらえてことばかけをする
正選択肢を最初に見たときに、その瞬間をとらえて「そうだね。今見てるね」とことばかけをします。
最初に見たとき（初発の反応）を見逃さないことが大切です。

Q5 先出しを取ってしまいます

A

<手だて1> 伸びてくる手を軽く止める
先に呈示した形に手を伸ばしかけたとき、「ちょっと待ってね」とことばかけをして、伸びてくる手をてのひらで軽く止めます。

<手だて2> 遠い位置に呈示する
学習空間の、子どもから見て遠い位置（上のほう）に形を呈示します。

Q6 両手で二つの選択肢を持ってしまいます

A

呈示の方法を工夫します。利き手だけで操作するようにします。
反利き手で形にふれさせないようにする工夫が大切です。

<手だて1> 一つずつ出す
子どもと反対側の机のふちの下から、選択肢の「形」を一つずつ出して見せます。少しずつ出しながら、机の端の上に呈示します。

<手だて2> 呈示板を使う
※第2章「○△□を見比べる・見分ける学習」の「 こんなときには、どうしたらよいでしょう?」の「Q6 両手で二つの選択肢を持ってしまう」（63ページ）を参照。

第3章 「大きい・小さい」を見比べる・見分ける学習

Q7 大きいほうを後出しで呈示してもできません

A
呈示の方法を工夫します。
「小と大」の形の組み合わせで、手だてを説明します。

<手だて1>
大の形を子どもに近づける
机の端に小の形を呈示します。
次に大の形を呈示します。
机の端に呈示した大の形のみ子どものほうに近づけます。
（図3-78）

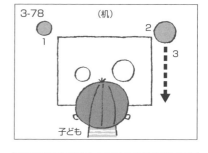

<手だて2>
小と大を同時に近づける
小の形と大の形を机の端に呈示して、小と大を同時に近づけます。（図3-79）

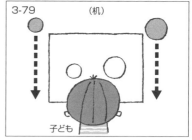

<手だて3> **小と大を2段階に分けて近づける**
小の形を机の端に呈示して、子どものほうに近づけます。その後、大の形を机の端に呈示して、近づけます。（図3-80）

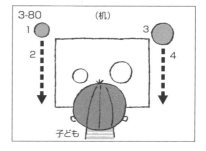

できるようになったら、はめ板の下に呈示して学習します。

Point
まちがえさせない工夫が大切

- **「手だて」の工夫**
  課題を達成するために、最もよい「手だて」を創意工夫します。
  「手だて」については、＜第2章 ○△□を見比べる・見分ける学習＞、＜第3章「大きい・小さい」を見比べる・見分ける学習＞でいろいろ紹介しました。子どもの実態に合った「手だて」を工夫しましょう。

- 「ここを見て」といって、子どもが見たとき、「今見てるね」のことばかけが大切です。

第4章 衣類を身につける学習
（手と手、目と手の協応動作を高めるスモールステップ）

1 基本的な考え方

　服を自分で着ることは身辺自立の基本の一つです。では、私たちはそれを、どのようにしてできるようになっていくのでしょうか。

　初めは手助けして教えてもらいます。毎日の生活の中で繰り返しながら次第に上達していきます。しかし、「できて当たり前」のようになると、いつ頃、何ができるようになったのか、ほとんどの人は覚えていないのではないでしょうか。

　同じことを繰り返しながら、できるようになるなら、それでよいでしょう。しかし、なかなかできるようにならない子どももいます。そのような場合には、教える方法や順序を考える必要があります。

　衣類を身につける動作は、難易度の違う動作が混在していることが多いです。

　例えば、「くつしたをはく」ことを考えてみましょう。

　「くつしたを持つ→つま先を入れる→かかとを合わせる→引っ張って上げる」という流れがあります。この一つひとつの動作は、それぞれ難易度が異なります。特に「かかとを合わせる」動作は、くつしたの構造を理解する空間認知の力が必要で、運動の方向を転換するので、難しいです。

　難易度の高い動作を混在させたまま、「完成」を目指していては、「できるようになった」という達成感がなかなか得られず、自信もついてきません。目標を一つに絞ったスモールステップを設定し、やさしい動作から学習を始めます。難易度の高い部分は、できるようになるまで援助して、子どもの手に手を添えて一緒に行い、どのように手を動かしたらよいのか、理解できるようにしていきます。

　また、一つひとつの衣類を「パンツができたらズボン、ズボンができたらシャツ」というように着る順番に仕上げていくのではなく、やさしい動作から順にできるようにしていくことも、「衣類を身につける学習」の基本です。「できた」という成功感をたくさん積み重ねることで、自信をつけていくようにします。

　よくほめること・何度もほめることが学習意欲を高め、上達するために最も大切です。

第4章 衣類を身につける学習

 スモールステップの原則

　衣服の着脱の動作の確立は、手指の巧緻性や理解力の発達と密接な関連があります。
　脱ぐことが先にできるようになることは、経験上皆さんはご存じでしょう。くつは手を使わずに足を振るだけで脱げることがあります。くつしたは片手でつま先を持って引っ張るだけで脱げます。ボタンなどがない、かぶり型のシャツやトレーナーは、両手を使って、持って引っ張り上げる動作で脱げます。もちろんその場合も、持つ位置、手の運動の方向、力の入れ具合などが適切でなければ簡単にいかないことがあります。袖を脱ぐとき引っかかってしまったり、裏返しに脱いでしまったりすることもあるでしょう。前あき型の上衣の場合、ボタンをはずすのは難しいですが、ファスナーを引いて開ける操作なら比較的やさしいでしょう。
　着ることができるのは後になります。袖の有無や長さ、ボタンの有無など、衣服の構造によって難易度はかなり異なります。脱ぐことより難しいです。
　学習は、着る順番にするのではなく、着るための運動（動作）のやさしい順にします。
　また、一つのものを着る一連の動作の中には、難しい動作もあるので、すべての動作を繰り返し行うのではなく、いくつかの動作に分け、やさしいところから行います。
　さらに、動作の流れを覚えるには、順序の理解が必要になります。
　手と手・目と手の協応、手指の巧緻性や理解力の状態を把握し、これらを高めながら、系統的に学習することが大切です。
　ここでいう理解力とは、次の概念について理解する力のことをいいます。

> 　　　上下　　　左右　　　前後　　　裏表　　　順序

　つまり、衣服の一つひとつには固有の空間があります。衣服の着脱の学習は、その空間の概念を形成し、理解することなのです。
　衣服の着脱の学習では、手指の巧緻性と空間概念の発達の観点から、次の原則が考えられます。

> ・空間の構造が簡単なほどわかりやすい。
> ・動作や、手足の運動の方向が簡単なほどわかりやすい。
> ・空間の小さいほうがわかりやすい。

　空間が小さくても構造が複雑だと難しくなり、空間が大きくても構造が簡単なもののほうがやさしいです。

3 学習の系統性

　「身につける動作（はく・着る・脱ぐ）」について、「❷ スモールステップの原則」に立って系統性を考えると、学習の順序は次のようになります。

身につける衣類の学習順序

分　類		学習順序	
第一群	下半身に 身につけるもの 〜はくタイプ〜	1	スカート（女児のみ）
		2	くつした ※かかと合わせは援助して行う
		3	半ズボン・キュロット
		4	長ズボン
		5	パンツ
第二群	上半身に 身につけるもの 〜かぶるタイプ〜	1	半袖シャツ
		2	長袖シャツ・トレーナー・ セーター類
		3	ランニングシャツ・タンクトップ・ ベスト類
第三群	上半身に 身につけるもの 〜前開きのタイプ〜		ワイシャツ・ブラウス・ジャケット・ コート・ブルゾン（ジャンパー） ※ボタンなどの「付属するもの」の操作は援助 　して行う
第四群	くつ		くつ ※面ファスナー（マジックテープ）やファスナー 　の操作、ひも結びは援助して行う

分　類		学習順序	
第五群	付属するもの	1	ファスナー（ジッパー・チャック） Ａタイプ 〜下止めで止まるもの〜
		2	面ファスナー （通称　マジックテープ）
		3	スナップ（押しホック）
		4	かぎホック
		5	ファスナー（ジッパー・チャック） Ｂタイプ 〜エンドボックスがついているもの〜
		6	ボタン
		7	ひも

> **Point**
>
> ### まず、前後がわかることから
>
> - 第三群までの学習で、上下・左右・前後がわかるようになっていることが望ましいです。
> - 裏表がわかり、裏返しのものを表に直すことは、かなり高度なことになりますので、基礎的な学習の項目には入れてありません。基礎的な段階では、裏返しにならない脱ぎ方で脱ぐようにします。
> - 順序がわかること、つまり、順序よく脱ぐ・順序よく着ることも大切な学習です。

4 姿勢について

姿勢について

脱いだり着たりする動作を行うときの姿勢は、原則として次のように考えます。

(1) 床に腰をおろして

「はく」タイプの衣類は、立ったままだと姿勢保持が難しく、動作を安定して続けられないことがあります。

床に腰をおろして、片方または両方のひざを軽く曲げて行います。

Step1 マットや座布団（2枚ぐらい）などを敷いて、床より少し高い位置に腰をおろして行います。
床にじかに腰をおろして行うよりも、手足を動かすことが容易になります。

Step2 床にじかに腰をおろして行います。

(2) 椅子などに腰をかけて

Step1 低め（20㎝ぐらい）の安定している台に腰をかけて行います。

Step2 安定している椅子（身長に合った高さ）に腰をかけて行います。次の点に配慮が必要です。
・ひじ掛なし
・座面が回転しないこと
・キャスターなどがついていないこと
※学校の児童用椅子などがよいでしょう。

(3) 立って

腰やひざを曲げて行いますので、バランスをくずしやすく、不安定になりがちです。次の①～③のようなステップを考えてもよいでしょう。

Step1 手すりのようなものにつかまって行います。
手すりの高さは腰より少し低めがよいです。
手すりの太さは、細めがよいです。手すりを握っても、さらにゆとりのあるものが望ましいです。

第4章 衣類を身につける学習

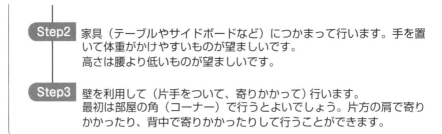

以上は原則です。身につけるものの種類によって、あるいは、同じ衣類でも「脱ぐ」「はく（着る）」の違いによって、立った状態からのほうがやさしいこともあります。

5 方法

「❸ 学習の系統性」(109ページ) にそって、具体的な方法を説明していきます。

第一群　下半身に身につけるもの ～はくタイプ～

(1) スカート

女児が着用するもので、男女共通ではありませんが、入口が一つ、出口も一つですから、空間の構造が簡単でわかりやすく、はくタイプでは最もやさしいといえます。初めは、ウエスト部分が総ゴムのスカートで学習します。

「身につける衣類の学習順序」の表で示したように、ファスナー・面ファスナー（マジックテープ）・かぎホックなどは、別に学習します。

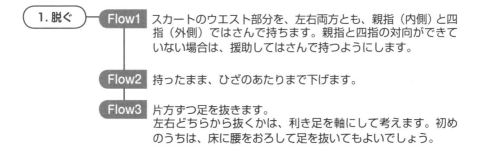

5 方法　第一群　下半身に身につけるもの 〜はくタイプ〜

2. はく

- **Flow1** スカートの前を確認します。
- **Flow2** ウエスト部分を持ち、裾を振ってから、前を上にして床に置きます。
たるんだり、裾が折れたり曲がったりしないように、きちんと整えます。きちんと整えて床に置くことが大切です。スカートの裾を整えるのは難しいので、援助して一緒に行うようにします。
- **Flow3** 床に腰をおろして、スカートのウエスト部分を、左右とも、親指（内側）と四指（外側）ではさんで持ちます。
- **Flow4** 片方ずつ足を入れます。左右どちらから足を入れるかは、利き足を軸にして考えます。片方ずつが難しい場合は、両足同時に入れてもよいでしょう。
- **Flow5** スカートの裾から足が出たら、ウエスト部分を持ったまま立ちます。
- **Flow6** 持ったまま、腰まで引き上げます。

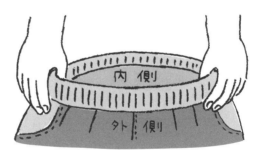

Point

形態、目印、動作

- スカート丈は短めで、ギャザーが入ってゆとりのあるものから始めましょう。デニムなどの硬い布地のストレートタイプは難しいです。
- 持つとき、前後をまちがえないよう、リボンなどで前に印をつけるとよいでしょう。
- 付属するもの（かぎホック・ボタン・ファスナー・タグなど）で前後がわかるときは、印はなくてもよいでしょう。
- 持つところがわからないときは、飾りボタンなどで印をつけるのも、まちがえさせない工夫です。
- できるようになったら、「台に腰かける→椅子に腰かける→立ったまま」と学習を進めます。

(2) くつした

入口が一つ、行き止まりで、出口はありません。空間の構造が簡単で、男女共通のはくタイプの中ではやさしいほうです。無地のものでは、左右を見分ける必要もありません。かかと部分は運動の方向転換が必要になり、難しいので、初期段階では、かかと合わせは援助して行います。

くつしたの長さは短めで、持ちやすい厚さ、ゆとりのある大きさのものから始めましょう。

姿勢は、床に腰をおろし、脱ぐ（はく）ほうのひざを立てて行います。もう片方の足は、伸ばしたり、曲げてひざを立てたり、ひざを曲げて横に倒したりして、楽な姿勢で行います。

1. 脱ぐ

- **Flow1** くつしたの上の部分を、左右両手とも、親指（内側）と四指（外側）ではさんで持ちます。難しいときは、援助して、正しい持ち方で脱ぐようにします。
- **Flow2** はさんだまま、かかとまで下げます。
- **Flow3** つま先を床につけたまま、かかとを軽く上げます。
- **Flow4** 土踏まずのあたりまで脱ぎます（かかとの部分を脱ぐ動作を援助します）。
- **Flow5** 利き手でつま先を持って引っ張って脱ぎます。

2. はく

- **Flow1** 足を入れる部分の両脇を、左右両手とも、親指（内側）と四指（外側）ではさんで持ちます。難しいときは、援助して、正しい持ち方ではくようにします。
- **Flow2** つま先を入れます。
- **Flow3** 土踏まずのあたりまで、引っ張ってはきます。
- **Flow4** つま先を床につけたまま、かかとを軽く上げます。
- **Flow5** かかとの部分まで、引っ張ってはきます。くつしたがたるんでいるようであれば、援助して引っ張って、つま先まで指がきちんと入っているようにします。
- **Flow6** 引っ張る方向を転換して、かかとを入れます（かかとの部分をはく動作を援助します）。
- **Flow7** はさんで持ったまま、ひざのほうへ引き上げます。

5 方法　第一群　下半身に身につけるもの ～はくタイプ～

> **Point**
>
> ### 素材、形態
>
> - くつしたの大きさは、ややゆるめ（実際のサイズよりやや大きめ）から始めます。その後、実際のサイズに移行します。
> - くつしたの長さは、短いもので始めます。
> - くつしたの素材は、冬用か春秋用のやや厚い素材のものから始めます。できるようになってから、夏用の薄いものへ移行します。
>
> ### 動作
>
> - 左右どちらの足から脱ぐ（はく）かは、子どもの実態に応じて考えます。利き手が右の場合は右からのほうがよいでしょう。
> - 初めは手を添えて手伝い、順次手伝う部分を減らします。できるようになったら、一連のまとまりの動作として行うようにします。
> - できるようになったら、子どもの前にくつしたを伸ばして整えて置き、自分で手に取って始めるようにします。くつしたを伸ばしておくと、持つところがわかりやすいです。かかとを下にしておくと、かかとが合わせやすく、はきやすいです。
>
> ### たぐる動作&かかと合わせ
>
> - 基本の動作ができるようになったら、「くつしたをたぐって持ち、つま先を入れてはく」動作を練習します。最初は手を添えて「たぐる」動作を一緒に行い、子どもが指の動きを覚えられるようにします。ハイソックスのように長いものは、かかとまでたぐって、まとめて持ってきます。この動作は難しいので、手指の巧緻性の状態を見て、学習の時期を考えましょう。
> - かかと合わせは、上記の「はく」動作が一人でできるようになってから行います。難易度は、第五群「付属するもの」と同程度です。援助して、子どもの手に、手を添えて、かかとを合わせるようにします。援助して一緒に行うことをとおして、かかと合わせの動作ができるようにしていきます。
>   学習の進展につれて、少しずつ援助の量を減らしていきます。かかとが合わないままはいてから直すのではなく、援助して正しくはくようにするとよいです。
>
>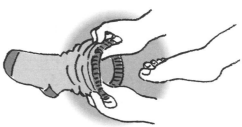

(3) 半ズボン・キュロット

入口が一つ、出口が二つに分かれています。くつしたより空間の構造が複雑になります。初めは、ウエスト部分が総ゴムのもので学習します。

姿勢は、立って行うのが基本です。難しいときは、腰をおろして行ってもよいでしょう。

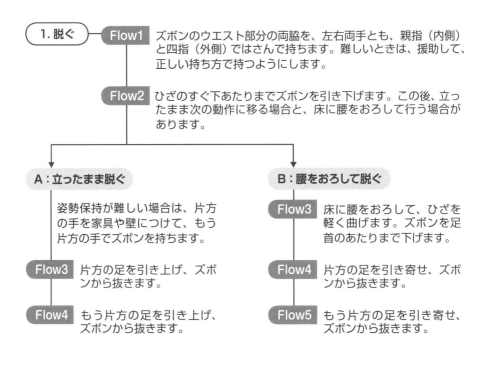

1. 脱ぐ

Flow1 ズボンのウエスト部分の両脇を、左右両手とも、親指（内側）と四指（外側）ではさんで持ちます。難しいときは、援助して、正しい持ち方で持つようにします。

Flow2 ひざのすぐ下あたりまでズボンを引き下げます。この後、立ったまま次の動作に移る場合と、床に腰をおろして行う場合があります。

A：立ったまま脱ぐ

姿勢保持が難しい場合は、片方の手を家具や壁につけて、もう片方の手でズボンを持ちます。

Flow3 片方の足を引き上げ、ズボンから抜きます。

Flow4 もう片方の足を引き上げ、ズボンから抜きます。

B：腰をおろして脱ぐ

Flow3 床に腰をおろして、ひざを軽く曲げます。ズボンを足首のあたりまで下げます。

Flow4 片方の足を引き寄せ、ズボンから抜きます。

Flow5 もう片方の足を引き寄せ、ズボンから抜きます。

5 方法 **第一群** 下半身に身につけるもの ～はくタイプ～

---

2. はく

次のような理解が必要です。

●半ズボンの前後を見分けて持つこと。
●片方に両方の足を入れないように、右足と左足、別々の出口が
　わかって足を入れること。

姿勢については、次の二つがあります。

A：立ったままはく

Flow1 半ズボンの前を確認します。

Flow2 テーブルや机などの台の上に、半ズボンの前が上になり、ウ
エスト部分が手前になるように置きます。裾がまっすぐにな
るように整えます。

Flow3 ウエスト部分を、左右の手で、親指（内側）と四指（外側）で
はさんで持ちます。難しいときは、援助して、正しい持ち方
で持つようにします。

Flow4 腰を曲げ、片方の足を入れます。

Flow5 もう片方の足を入れます。このとき、先に入れたほうに両方
の足が入らないようにします。

Flow6 両手で腰までズボンを引き上げます。このとき、後ろの部分
が十分上がらないことが多いので、援助して行います。

B：腰をおろした状態から立った状態に移行してはく

Flow1 半ズボンの前を確認します。

Flow2 床に腰をおろします。

Flow3 床の上に、半ズボンの前が上になり、ウエスト部分が手前に
なるように置きます。
裾がまっすぐになるように整えます。

Flow4 ウエスト部分を、左右の手で、親指（内側）と四指（外側）で
はさんで持ちます。
難しいときは、援助して、正しい持ち方で持つようにします。

Flow5 片方の足を入れます。

Flow6 もう片方の足を入れます。このとき、先に入れたほうに両方
の足が入らないようにします。

Flow7 ひざのあたりまでズボンを引き上げます。

Flow8 立って腰までズボンを引き上げます。

117

> **Point**
>
> ### 素材、サイズ
>
> - ボタンやかぎホックなどの付属物がなく、実際に着用しているものよりやや大きいサイズで練習を始めます。できるようになってきたら、実際に着用するサイズに移行します。
> - 素材はウールや合成繊維の混紡など、適度な柔らかさと厚さのあるものがよいでしょう。デニム生地（ジーンズなど）のように硬い素材や、薄くて柔らかすぎる素材は難しいです。
> - 足を抜くとき、裾にひっかかって裏返しにならないようなものから学習します。
> - ズボン丈が短くなるほどパンツに近づき、空間の構造が難しくなります。最初はひざ丈ぐらいの長さから始めるとよいでしょう。
>
> ### 目印
>
> - 持つときに前後をまちがえないよう、リボンなどで前に印をつけるとよいでしょう。付属するもの（かぎホック・ボタン・ファスナー・タグなど）で前後がわかるときは、印はなくてもよいでしょう。
> - 持つところがわからないときは、持つところにボタンなどの印をつけるのも、まちがえさせない工夫です。
>
> ### 動作
>
> - 左右どちらから「はく」（あるいは「脱ぐ」）かは、一人ひとりの実態に応じて考えます。
> - 片方に両足を入れてしまうとき、腰をおろして両足を同時にズボンに入れてはくと、正しくはけることがあります。
> - 椅子に腰かけて行ってもよいでしょう。
> - シャツの裾さばき（ズボンの中に入れる）は、この段階ではまだ難しいです。援助して、子どもの手を取って、一緒に行います。
>
>

(4) 長ズボン

　入口が一つ、出口が二つに分かれている構造は半ズボンと同じです。ひざ下の長い分だけ空間が大きくなり、足を動かす量がふえるので半ズボンより難しくなります。「1. 脱ぐ」「2. はく」いずれも **(3) 半ズボン・キュロット**（116ページ）と同じように学習します。

> **Point**
>
> ### 目印、素材、形態
>
> - 前後をまちがえないよう、リボンなどで前に印をつけたり、持つところにボタンなどで印をつけたりするのもよいでしょう。ズボンに付属するもの（かぎホック・ボタン・ファスナー・タグなど）で前後がわかるときは、印はなくてもよいでしょう。
> - やや大きいサイズで、素材は適度な柔らかさと厚さのあるものから始めましょう。
> - 裾が狭くなっていたり、裾ゴムが入ったりしているものは、難しいです。
>
>
>
> 裾からかかとをきちんと出してから
>
> ### 動作
>
> - 床に置いたズボンをまっすぐにして、裾を整えることが、一人ではけるようになるために大切です。できないときは、援助して、裾を整えるようにします。
> - 足を入れて立ったとき、かかとで裾を踏んでいて、はくことができない様子がよく見られます。裾からかかとを出してから立つようにします。
> - ズボンに足を入れてから、引き上げたり裾をたぐったりして、かかとが出るようにします。できるようになるまで、手を添えて「たぐる」動作を一緒に行い、子どもが指の動きを理解できるようにします。
> - 初めのうちは、足を入れる1回の動作で、裾からかかとが出やすい短めのズボン（七分丈ぐらい）から行うとよいでしょう。

(5) パンツ

入口が一つ、出口が二つに分かれている構造は半ズボンや長ズボンと同じです。はく順序に従ってパンツから学習を始める事例が多く見られます。

しかし、パンツは入口と出口の大きさや長さなどの形状の差が小さく、はくときに区別することが難しいです。空間が小さいのでやさしいように思われますが、空間の構造が複雑で半ズボンや長ズボンより難しいのです。

(3) 半ズボン・キュロット (116ページ) と同じように学習します。

> **Point**
>
> **形態、目印、動作**
>
> ●男児の場合は、わかりやすさから考え、半ズボンに近いトランクスタイプから始め、その後ブリーフタイプに移行するようにします。
>
> ●前後をまちがえないよう、リボンなどで前に印をつけたり、持つところにボタンなどで印をつけたりするのもよいでしょう。男児の場合、前穴やタグで前後がわかるときは、印がなくてもよいでしょう。
> 女児の場合は、男児のものより区別しにくいので、まちがえさせない工夫をすることが大切です。
>
> ●やや大きいサイズで、適度な柔らかさと厚さのあるものから始めましょう。ぴったりしたものや、薄い素材のものは難しいです。
>
> ●パンツは脱ぐときに裏返しになりやすいです。裏返しにならないように脱ぐことが大切です。

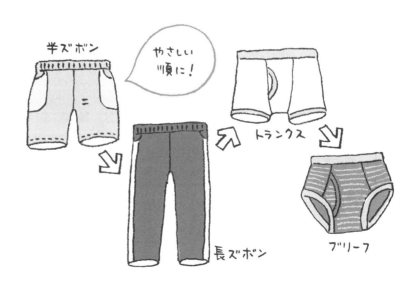

第二群 上半身に身につけるもの 〜かぶるタイプ〜

　入り口は裾一つで、出口は首・左右の袖口の三つに分かれています。第一群の「はくタイプ」より空間の構造が複雑になり、動作の転換がふえて難しくなります。

(1) 半袖シャツ（Tシャツ、下着のシャツなど）

1. 脱ぐ　初期の段階では、脱いだとき裏返しにならないように学習します。

- **Flow1** 襟ぐりの前を両手で持って上に引っ張ります。
- **Flow2** 頭がかぶった状態で、いったん止めます。
- **Flow3** 両手で襟ぐりの背中側を持って引っ張り、頭を抜きます。頭や肩などにひっかからないで、スムーズに脱ぐために、襟ぐりが広く、ゆとりのある大きさのものがよいです。
- **Flow4** 右手で左の袖口を持って引っ張りながら、左手を抜きます。肩や肘がひっかからないで、袖から手を抜くことができるゆとりのあるものがよいでしょう。
- **Flow5** 左手で右の袖口を持って引っ張りながら、右手を抜きます。

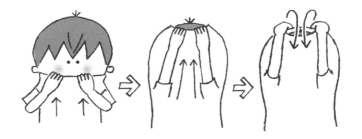

脱ぎ方にもいろいろな方法があります。
子どもの実態に応じて考えましょう。

- 頭を先にシャツから抜くか、手を先に袖から抜くか。
  手を先に抜く方法は難しいです。
- 頭を抜くとき、襟ぐりを持って引っ張るか、裾を上げてから襟ぐりを引っ張るか。
- 袖から手を抜くとき、利き手から行うか、反利き手から行うか。

第**4**章 衣類を身につける学習

2. 着る

テーブルや台などの上にシャツを置くとき、シャツの前身ごろを上にして置くことがよく見られます。このまま着ると、後ろ前になってしまいます。よく確かめて、シャツの後ろ身ごろが上になり、裾が手前になるように置きます。

Flow1 テーブルや台などの上に、シャツの後ろ身ごろが上になり、裾が手前になるように置きます。

Flow2 裾がまっすぐになるように整えます。

Flow3 裾の両端を、左右の手で、親指が内側、四指が外側になるようにはさんで持ちます。持ったとき、裾が上、襟ぐりが下になっています。

Flow4 裾から頭を入れます。

Flow5 頭にかぶった状態で、いったん手を離します。

Flow6 頭にかぶっているシャツを両手で持ち、首までおろして頭を出します。

Flow7 右手の親指と四指で裾の左前をつかみ、左手を軽く握りこんでひじを曲げ、袖に入れてひじを伸ばします。袖になかなか手が入らなかったり、ひじなどが引っかかったりしているときは、すぐに援助します。動作がスムーズにできるように、ゆとりのあるシャツで行いましょう。

Flow8 左手の親指と四指で裾の右前をつかみ、右手を軽く握りこんでひじを曲げ、袖に入れてひじを伸ばします。

Flow9 腋の下にたまっているシャツの裾を、左右それぞれ、親指が外側、四指が内側になるように手首を曲げて持ち、下までおろします。

着方にもいろいろな方法があります。
どの方法で行うかは、子どもの実態に応じて考えましょう。

・頭を出してから袖に手を通すか、袖に手を通してから頭を出すか。

・袖に手を通すとき、利き手から行うか、反利き手から行うか。

・袖に手を通すとき、裾を持つか、襟ぐりを持つか、袖口を持つか。

5 方法　第二群　上半身に身につけるもの 〜かぶるタイプ〜

> **Point**
>
> ### 形態、目印
>
> - やや大きいサイズで、適度な柔らかさと厚さのある、操作しやすい素材のものから始めましょう。
> - 前後をまちがえないよう、リボンなどで裾の後ろの中ほどに印をつけたり、持つところにボタンなどで印をつけたりするのも、まちがえさせない工夫です。襟ぐりのタグで前後がわかるときは、印はなくてもよいでしょう。
> - 袖口が狭くなっていたり、ゴムが入ったりしているものは、難しいです。
> - 前身ごろに模様があると、模様が見えるように置きたくなり、そのまま着ると後ろ前に着てしまいます。前後がわかるようになるまでは、前身ごろに模様のないほうがよいでしょう。
>
> ### 動作、援助
>
> - 難しい動作は、援助して、子どもの手に手を添えて一緒に行うようにします。
> - テーブルや台などの上に置いたシャツを、まっすぐにして裾を整えます。裾が折れたり曲がったりしていると、持つところがわかりにくいです。
> - 脱ぐとき、裏返しにならないようにします。
> - 背中側の裾をおろすのは難しいです。援助して、子どもの手に手を添えて一緒に行うようにします。そして、少しずつ自分でできるようにしていきます。
>
>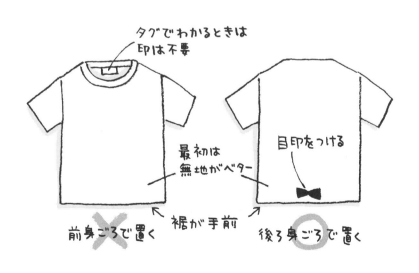

(2) 長袖シャツ・トレーナー・セーター類

半袖シャツと空間の構造は同じですが、袖が長くなるので空間が大きくなり、手を動かす量がふえて半袖シャツより難しくなります。

(1) 半袖シャツ（121ページ）と同じように学習します。

形態、たぐる動作

- 袖も身ごろもゆとりのある、やや大きめのトレーナーから始めるのがよいでしょう。袖が長いので、ゆとりがないと腕を通しにくく、下着や長袖Ｔシャツは途中でつっかえることがあります。腕を通すときや伸ばすとき、すっと抜けることが望ましいです。ゆとりのあるトレーナーでできるようになったら、ちょうどよいサイズで練習しましょう。
- 初めのうちは、腕を入れる１回の動作で、袖から手が出やすい袖丈（七分袖など）から行うとよいでしょう。
- 袖に腕を入れて、たぐって手が出るようにします。できるようになるまで、手を添えて「たぐる」動作を一緒に行い、子どもが指の動きを理解できるようにします。

(3) ランニングシャツ・タンクトップ・ベスト類

基本的な構造は、半袖シャツや長袖シャツと同じです。

袖ぐりと襟ぐりの大きさや長さなどの形状の差が小さく、着るときに区別することが難しいです。袖がなく空間が小さいのでやさしいように思われますが、空間の構造が複雑で半袖シャツや長袖シャツより難しいです。

(1) 半袖シャツ（121ページ）と同じように学習します。

形態、サイズ、素材

- ベストは襟ぐりがＶ字形のことが多く、ランニングシャツやタンクトップよりもまちがいが比較的少ないです。ベストから学習を始めるのがよいでしょう。
- やや大きいサイズで、適当な厚さのあるものから始めます。ランニングシャツなどの薄い素材は難しいです。毛糸などの厚い素材のベストがやさしいです。厚手の布地のほうがいっそうやさしいです。

第三群 上半身に身につけるもの
～前開きのタイプ～

前開きのシャツや上着などは、空間の構造が複雑で、運動の方向や転換がいくつもあります。それらの動作を連続して行うことは難しいです。

衣類としては次のようなものがあります。

●ワイシャツ・ブラウス類
薄手で、ボタンやスナップなどがついているものが多いです。

●ジャケット類
通学服、制服、スーツの上衣、ブレザーなど。
ボタンのはめはずしをするものと、ボタンはついているが前を開けたまま着用するものがあります。

●コート類
レインコート（雨がっぱ）などの薄手のものと、防寒用コートなどの厚手のものがあります。

●ブルゾン（ジャンパー）類
袖にゆとりがあり、ファスナーや大きめのホックがついているものが多いです。

1. 脱ぐ

Flow1 前が開いている状態にします。

Flow2 左右それぞれの手で、前立ての部分、胸のあたりをつかみます。親指は外側、四指は内側になるように、はさんで持ちます。

Flow3 左側を外側へ引っ張って開き、肩を出します。
このとき、右手を使って肩を大きく出し、服をひじ近くまで下げておくと、次の、袖から手を抜く動作がしやすくなります。
脱ぐとき、上着から肩を出すのは難しいです。援助して、子どもの手に指導者の手を添えて一緒に行います。肩幅にゆとりのあるもので学習しましょう。

Flow4 両手を後ろ（背中側）に回して、右手で左の袖口をつかみます。親指が外側、四指が内側になるようにはさんで持ちます。

Flow5 右手で袖口を斜め下に引っ張り、左手を抜きます。左ひじを軽く曲げると脱ぎやすくなります。
袖から手を抜くとき、ひじが引っかかることが、よく見られます。ひじが抜きやすい、袖にゆとりがあるものが望ましいです。

Flow6 両手を前に回して、左手で右の袖口をつかみます。親指が外側、四指が内側になるようにはさんで持ちます。

Flow7 左手で袖口を引っ張り、右手を抜きます。右ひじを軽く曲げると脱ぎやすくなります。

第4章 衣類を身につける学習

> 脱ぎ方にもいろいろな方法があります。
> 子どもの実態に応じて考えましょう。
>
> ・片方の肩を出してから手を抜くか、両方の肩を同時に出してから手を抜くか。
> ・袖から手を抜くとき、利き手から行うか、反利き手から行うか。

2. 着る

Flow1 服の内側を手前にして、右側の襟ぐりの端から肩にかけてのあたりを、左手で持ちます。親指は内側、四指は外側になるように、はさんで持ちます。持つところにボタンなどで印をつけておくと、わかりやすくてよいでしょう。

Flow2 軽く握った右手を、左手で持った襟ぐりの端から服の内側にそって左下の方にゆっくり動かし、右の袖ぐりに入れます。
右の袖ぐりがなかなか見つからなかったり、左の袖ぐりに右手を入れたりすることがあります。このようなときには、すぐに援助して、子どもの手に手を添えて一緒に行うようにします。

Flow3 袖に右手を入れて伸ばしながら、左手で持っている襟ぐりを引っ張ります。
袖からなかなか手が出ないものは難しいです。袖口からすぐに手が出るものがよいです。

Flow4 襟ぐりを持ったまま、左手を、頭の上を通って、後ろへ回します。肩幅にゆとりがあると回しやすくなります。

Flow5 左手を、襟ぐりから離さないようにして、襟ぐりにそってすべらせながら左肩のあたりまで移動します。
襟がないほうがやさしいです。襟が大きいと難しくなります。すべらせる動作は難しいので、左手を離してしまうことがよく見られます。
できるようになるまで一緒に行いましょう。

5 方法 第三群 上半身に身につけるもの ～前開きのタイプ～

Flow6 　左手に持っている襟ぐりを、右手に持ち替えます。親指は内側、四指は外側になるように、はさんで持ちます。

Flow7 　右手で持った襟ぐりを前に引っ張り、左手を袖ぐりに入れます。

Flow8 　右手で持った襟ぐりを右のほうへ引きながら、左手を伸ばします。

着方にもいろいろな方法があります。
子どもの実態に応じて考えましょう。

・片手で襟ぐりを持って袖に手を通すか、背中の外側を手前に向け、襟ぐりの両端を両手で持って、後ろへ回してから袖に手を通すか。

・袖に手を通すとき、利き手から行うか、反利き手から行うか。

Point

形態、目印、動作

● あまり待たないで、すぐに援助することが大切です。

● できないときは、援助して、子どもの手に手を添えて一緒に行い、手の動かし方が理解できるようにします。

● 半袖と長袖では、半袖のほうがやさしいです。

● 襟のないもののほうがやさしいです。襟が大きいと難しくなります。

● 肩幅や袖ぐりが広く、ゆとりのあるものから学習を始めるとよいでしょう。

● 素材は硬すぎても柔らかすぎても難しいです。操作しやすい素材を選びましょう。

● ボタン・ファスナーなどの操作は、援助して一緒に行います。

第四群　くつ

くつは大きく分けると2種類あります。

Aタイプ：ファスナー・面ファスナー（マジックテープ）・ひもなどがついていない。足の甲が当たる部分にゴム生地を使い、伸びて広がるようになっています。

Bタイプ：ファスナー・面ファスナー（マジックテープ）・ひもなどがついている。ファスナーの開閉・面ファスナーの止めはがし・ひも結びなどが必要なくつです。

姿勢は、子どもの身長に合った、背もたれのある椅子に腰掛けて行うのがよいでしょう。高さ10～20cmの台に腰掛けて行うのもよい方法です。手の操作がしやすい、楽な姿勢で行えます。

床にすわった姿勢は、手もとが見えにくく、手を動かしにくくなります。

初めは、Aタイプのくつから学習します。

(1) Aタイプ ～甲の部分がゴム生地～

1. 脱ぐ　台または椅子に腰掛けます。左右どちらから脱いでもよいでしょう。右利きは右から脱ぐことが多いです。
右から脱ぐ順序で説明します。

右足にはいているくつを脱ぐ

Flow1　右足にはいているくつの、トップラインの右側を、右手で、親指を内側、人差し指と中指を外側にして、はさんで持ちます。

Flow2　くつをはさんで持ったまま、右手をトップラインにそってすべらせ、後ろまで移動して、かかとの上の部分を持ちます。

Flow3　右手でくつを下のほうに押しながら、右足のかかとを上げます。

Flow4　くつが動かないように右手でしっかり押さえて、右足を後ろ方向に引き、足をくつから出します。

5 方法 **第四群** くつ

左足にはいているくつを脱ぐ

Flow1 左足にはいているくつの、トップラインの右側を、右手で、親指を内側、人差し指と中指を外側にして、はさんで持ちます。

Flow2 くつをはさんで持ったまま、右手をトップラインにそってすべらせ、後ろまで移動して、かかとの上の部分を持ちます。

Flow3 右手でくつを下のほうに押しながら、左足のかかとを上げます。

Flow4 くつが動かないように右手でしっかり押さえて、左足を後ろ方向に引き、足をくつから出します。

くつをきちんとそろえる

---

2. はく 台または椅子に腰掛けます。両足の外側に、左右それぞれのくつを置きます。右利きは右足からはくことが多いです。
右からはく順序で説明します。

右足にくつをはく

Flow1 右足用のくつの、トップラインの右側を、右手で、親指を内側、人差し指と中指を外側にして、はさんで持ちます。

Flow2 右足のつま先を入れます。

Flow3 くつをはさんで持ったまま、右手をトップラインにそってすべらせ、後ろまで移動して、かかとの上の部分を持ちます。

Flow4 右手でかかとの上のはき口をしっかり持って、くつ底までかかとをおろします。

左足にくつをはく

Flow1 左足用のくつの、トップラインの右側を、右手で、親指を内側、人差し指と中指を外側にして、はさんで持ちます。

Flow2 左足のつま先を入れます。

Flow3 くつをはさんで持ったまま、右手をトップラインにそってすべらせ、後ろまで移動して、かかとの上の部分を持ちます。

Flow4 右手でかかとの上のはき口をしっかり持って、くつ底までかかとをおろします。

第**4**章 衣類を身につける学習

> **Point**
>
> ## 形態、素材
>
> ●実際に着用するものより少し大きいくつで学習を始めます。手の指を入れたとき、ややゆとりがあったほうが、手の動きが楽になります。
>
> ●くつは、子どもがはきやすく扱いやすい材質のもので学習します。
>
> ## 援助、順序、目印
>
> ●「脱ぐ・はく」の手の動かし方は難しいです。できるようになるまで、援助して子どもの手に、手を添えて、一緒に行います。
>
> ●できるようになるまでは、片方のくつだけで学習します。
> もう片方のくつは、はかせてあげます。最初から両方のくつで行うと、いやになってしまう様子が多く見られます。できるようになったら、もう片方のくつも学習します。
>
> ●右足からはくか、左足からはくか、子どもの実態に応じて考えます。
> 利き手側のくつからはくことが多いです。くつは、いつも同じ順序ではくことが大切です。
>
> ●くつは左右が決まっているので、左右がわかるようになるまで、まちがえさせない工夫として印をつけるとよいでしょう。印は、最初にはくほうのくつ、片方のみにつけるのがよいです。
>
> ## かかと部分の工夫
>
> ●かかとの上のはき口やかかと部分を、指ではさんで持って、はいたり脱いだりできるときは、トップラインの右側を持ってすべらせる動作は、なくてもよいでしょう。
>
> ●かかとの上のはき口を指ではさんで持つことができないときは、次のようなステップで学習します。
>
> **Flow1** かかとの上のはき口に、リボンテープで輪を作って縫いつけ、それを引っ張ってかかとを入れます。
>
> **Flow2** かかとの上のはき口に、リボンテープを縫いつけ、それを引っ張ってかかとを入れます。
>
> **Flow3** リボンテープを徐々に短くし、リボンテープなしで、はき口を持ってかかとを入れるようにしていきます。
> 用いるリボンテープは、持ちやすい長さや幅のあるもの、持ちやすい硬さがある材質のものがよいでしょう。

(2) Bタイプ 〜ファスナー・面ファスナー（マジックテープ）・ひもなどがついている〜

　「脱ぐ・はく」とも、**(1)** のAタイプと同じように学習します。ファスナー・面ファスナー・ひもなどの操作は、できるようになるまで、援助して一緒に行います。

第五群　付属するもの

(1) ファスナー (ジッパー・チャック) Aタイプ ～下止めで止まるもの～

ファスナーは、開けて下止めで止まるものから学習します。下止めで止まるファスナーとは、シャツの衿から胸まで、ズボンの前、ポケット、カバンなどのように、開けたところで止まるタイプです。引き手を持って上下（左右）にスライドすることで、開けたり閉じたりでき、運動の方向が単純なのでやさしいです。

利き手を右とし、上下に開閉するファスナーで説明します。

服を着た状態で学習します。

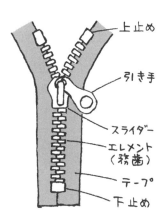

1. 開ける
- Flow1　左手で、左側テープ上端のあたりを持ちます。親指が外側、四指が内側になるように、はさんで持ちます。
- Flow2　右手でスライダーの引き手を、親指が表側、人差し指が裏側になるように、はさんで持ちます。
- Flow3　引き手を下にスライドさせて、下止めまで下げます。

2. 閉じる
- Flow1　左手で、テープ下端の下止めの下を持ちます。下止めの下のあたりの服を山折りにして、親指が表側、人差し指と中指が裏側になるように、はさんで持ちます。
- Flow2　右手でスライダーの引き手を、親指が表側、人差し指が裏側になるように、はさんで持ちます。
- Flow3　引き手を上にスライドさせて、上止めまで上げます。

> **Point**
> **引き手の工夫**
> 引き手を指ではさんで持つことができないときは、引き手にリボンテープで輪を作ってつけたり、持ちやすい長さのリボンテープをつけたりします。

(2) 面ファスナー (マジックテープ)

袖口・くつ・カバンに使用されていることが多いです。次のようなタイプがあります。

Aタイプ：はがしたり止めたりする操作ですむタイプ
　　　　　フック状に起毛された面と、ループ状に密集して起毛された面が二つに分かれていて、固定されています。

Bタイプ：金具の輪を通す操作が必要なタイプ
　　　　　1本のテープに、フック状に起毛された面と、ループ状に密集して起毛された面の両方があり、金具の輪を通して折り返し、テープを止めます。

くつで説明します。

＜Aタイプ＞ フック面とループ面が分かれて固定されているタイプ

くつでは、右足用は右開き、左足用は左開きになっています。

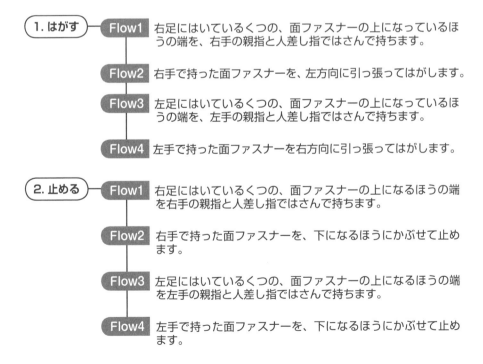

1. はがす
- Flow1　右足にはいているくつの、面ファスナーの上になっているほうの端を、右手の親指と人差し指ではさんで持ちます。
- Flow2　右手で持った面ファスナーを、左方向に引っ張ってはがします。
- Flow3　左足にはいているくつの、面ファスナーの上になっているほうの端を、左手の親指と人差し指ではさんで持ちます。
- Flow4　左手で持った面ファスナーを右方向に引っ張ってはがします。

2. 止める
- Flow1　右足にはいているくつの、面ファスナーの上になるほうの端を右手の親指と人差し指ではさんで持ちます。
- Flow2　右手で持った面ファスナーを、下になるほうにかぶせて止めます。
- Flow3　左足にはいているくつの、面ファスナーの上になるほうの端を左手の親指と人差し指ではさんで持ちます。
- Flow4　左手で持った面ファスナーを、下になるほうにかぶせて止めます。

5 方法　第五群 付属するもの

＜Bタイプ＞ 輪を通して折り返すタイプ

1. はがす

Flow1 右足にはいているくつの、面ファスナーの端を、右手の親指と人差し指ではさんで持ちます。

Flow2 右手で持った面ファスナーを、左方向に引っ張ってはがします。

Flow3 左手の親指と人差し指で金具をはさむようにして持ち、右手で面ファスナーを金具の輪から抜きます。

Flow4 左足にはいているくつの、面ファスナーの端を、左手の親指と人差し指ではさんで持ちます。

Flow5 左手で持った面ファスナーを、右方向に引っ張ってはがします。

Flow6 右手の親指と人差し指で金具をはさむようにして持ち、左手で面ファスナーを金具の輪から抜きます。

2. 止める

Flow1 右足にはいているくつの、面ファスナーの端から1～2cmのあたりを、右手で持ちます。親指が上、人差し指と中指が下になるようにして、はさんで持ちます。

Flow2 左手の親指と人差し指で、金具をはさむようにして持ちます。

Flow3 右手の親指と人差し指で持っている面ファスナーを、金具の輪に通します。

Flow4 金具の輪を通した面ファスナーの端を、右手の親指と人差し指ではさんで持ちます。

Flow5 面ファスナーの端を、右方向に引っ張ってから、下にある面ファスナーにかぶせて止めます。

Flow6 左足にはいているくつの、面ファスナーの端から1～2cmのあたりを、左手で持ちます。親指が上、人差し指と中指が下になるようにして、はさんで持ちます。

Flow7 右手の親指と人差し指で、金具をはさむようにして持ちます。

Flow8 左手の親指と人差し指で持っている面ファスナーを、金具の輪に通します。

Flow9 金具の輪を通した面ファスナーの端を、左手の親指と人差し指ではさんで持ちます。

Flow10 面ファスナーの端を、左方向に引っ張ってから、下にある面ファスナーにかぶせて止めます。

> **Point**
>
> 形態、目印、動作
>
> ●右利きでは、左足にはいているくつも右手で行うことがあります。
> ●金具の輪から面ファスナーを抜かなくても、はいたり脱いだりできるくつがあります。これはやさしいです。このときは金具の輪を通す、抜く、持ち変えるなどの動作は省きます。
> ●面ファスナーは、金具の輪を通したとき、ピンと立っている状態が持ちやすくてよいです。

(3) スナップ（押しホック）

留め金具の凹部と凸部をはめて、つなぎます。

薄手の衣類には糸で縫いつける小さなもの、ジャンパーや防寒コートなどの厚手の衣類には生地に直接はめ込んだ大きなものなど、大きさや形状はいろいろあります。

男子用と女子用では、凹部と凸部の金具の位置が、左右逆になっています。
　男子用・左側に凹部、右側に凸部
　女子用・左側に凸部、右側に凹部
女子用のスナップで説明します。男子用は、左右を置き換えて読みましょう。
服を着た状態で学習します。

1. はずす

Flow1 右手で、止め金具の凹部の下のあたりを、親指を表側に、人差し指と中指を裏側にしてはさんで持ちます。

Flow2 左手で、止め金具の凸部のあたりを山折りにして、親指を裏側に、人差し指と中指を表側にして、はさんで持ちます。

Flow3 右手を右のほうへ、左手を左のほうへ引っ張って、スナップをはずします。

5 方法　第五群 付属するもの

2. はめる

一番上のスナップは、首に近いので、手の位置が高く、目で見ることができないので、操作が難しいです。
胸の高さにあるスナップは、手の位置がほどよい高さで、目で見ることができるので、操作がやさしいです。

Flow1 右手の親指を留め金具の凹部の表側に、人差し指と中指を留め金具の凹部の裏側の下あたりにあてて、服をはさんで持ちます。

Flow2 左手で、留め金具の凸部のあたりを山折りにして、親指を凸部の裏側に、人差し指と中指を凸部の表側の下あたりにあてて、服をはさんで持ちます。

Flow3 胸のあたりで、左右（凹凸）を合わせて押します。

Point

順序、山折りの動作

- 初めは、扱いやすい生地、操作しやすい大きさのスナップで学習します。

- 初期段階では、スナップ一つだけで学習します。残りのスナップは、はめてあげます。最初からスナップすべてを行うと、いやになってしまう様子が多く見られます。一つのスナップができるようになったら、もう一つ……というように、順にふやしていきましょう。

- スナップの位置は、操作しやすい中ほどから始め、難しい一番上は後に行います。できるようになったら、上から順に行うようにしましょう。

- 服の留め金具の凸部のあたりを山折にしてはさんで持てないときは、手で服を押さえて、はめはずしをします。順次、山折りにしてできるようにしていきます。山折りの動作は、操作しやすい適度な厚さの素材から学習します。

- できないところは、できるようになるまで援助して一緒に行いましょう。

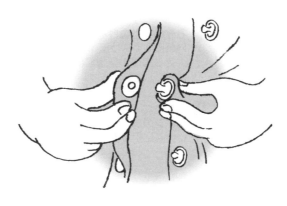

(4) かぎホック

⊃型とI型の金具を、引っ掛ける操作で留めます。ズボンやスカートのウエスト部分、前開きファスナーの上に使われることが多いようです。小さな空間の中でこの操作を行うのは、難しいです。

初めは、腰をおろして、ズボンをはかないで手に持ち、胸の高さで金具をよく見ながら、はずしたりかけたりする操作をして、手の動かし方を理解できるようにします。

操作の手順や手の使い方が、ある程度わかってから、ズボンをはいて行います。視距離が遠くなり、目と手の協応動作が難しくなります。習熟して、手もとを見なくてもできるようになるとよいでしょう。

ズボンやスカートのウエスト部分で、ファスナーの上にあるとき、⊃型の金具が男子用は左側、女子用は右側にあります。

女子用は、金具の向きが⊂のように、右側が開いています。右手で⊂型の金具を操作することになります。

以下、男子用で説明していきます。利き手は右とします。

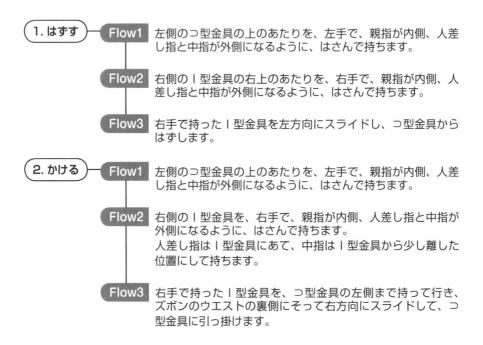

1. はずす
　Flow1　左側の⊃型金具の上のあたりを、左手で、親指が内側、人差し指と中指が外側になるように、はさんで持ちます。
　Flow2　右側のI型金具の右上のあたりを、右手で、親指が内側、人差し指と中指が外側になるように、はさんで持ちます。
　Flow3　右手で持ったI型金具を左方向にスライドし、⊃型金具からはずします。

2. かける
　Flow1　左側の⊃型金具の上のあたりを、左手で、親指が内側、人差し指と中指が外側になるように、はさんで持ちます。
　Flow2　右側のI型金具を、右手で、親指が内側、人差し指と中指が外側になるように、はさんで持ちます。
　　　　 人差し指はI型金具にあて、中指はI型金具から少し離した位置にして持ちます。
　Flow3　右手で持ったI型金具を、⊃型金具の左側まで持って行き、ズボンのウエストの裏側にそって右方向にスライドして、⊃型金具に引っ掛けます。

> かぎホックの操作には、いろいろな方法があります。
> 子どもの実態に応じて考えましょう。
>
> ・利き手で操作するか、反利き手で操作するか、両手で操作するか。
> ・つ型の金具を動かすか、I型の金具を動かすか。
>   反利き手を固定し、利き手を動かして操作するほうがやさしいです。

Point

持ち方、形態

- ●ズボンや金具の持ち方はいろいろあります。やさしいと思われる方法で説明してきましたが、子どもの実態に応じて持ち方を工夫しましょう。
- ●扱いやすい布地、操作しやすい大きさのかぎホックで学習を始めます。
- ●ズボンのウエストにゆとりがないと難しいです。ゆとりがありすぎても、かぎホックがすれちがう誤操作が生じやすくなります。操作しやすい適度なゆとりが必要です。

(5) ファスナー（ジッパー・チャック）Bタイプ　〜エンドボックスがついているもの〜

ジャンパーや防寒コートなど、前開きの上衣類の多くで使用されています。
次のような操作が必要です。

・開けたとき、エンドボックスとスライダーから右側のエレメントの下端を抜きます。

・閉じるとき、スライダーをエンドボックスに密着させ、右側のエレメントの下端をしっかりさしてから、引き手を上げます。

このタイプは、スライダー部分の操作に高度な手指の巧緻性が必要で、引き手を上下させるだけの(1)のAタイプ（131ページ）より難しいです。

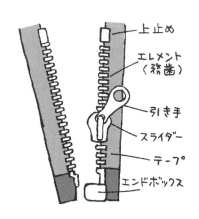

第**4**章　衣類を身につける学習

　閉めるときのさす操作は、スライダーとエンドボックスが隙間なく接して、エレメントの下端がエンドボックスまで正確に入らないと、スライダーが動かなかったり、かみ合わないままスライダーだけが動いてしまったりするので、難しいです。

　ファスナーが開いているときは、スライダーとエンドボックスが左側に残り、右利きを想定した構造になっています。左利きの人にとっては働き手（利き手）と支え手（反利き手）が逆になり、とても難しいです。

1. 開ける

Flow1　左手で、左側テープ上端のあたりを持ちます。親指が外側、四指が内側になるように、はさんで持ちます。

Flow2　右手でスライダーの引き手を、親指が表側、人差し指が裏側になるようにはさんで持ちます。

Flow3　引き手を下にスライドさせて、エンドボックスまで下げます。

Flow4　左手で、スライダーとエンドボックスを密着させたまま持ちます。親指が外側、人差し指と中指が内側になるように、はさんで持ちます。

Flow5　右手で右側のテープの下端を、親指が外側、人差し指と中指が内側になるように、はさんで持ちます。

Flow6　スライダーとエンドボックスを持っている左手を下のほうに引きながら、右手で持っているテープ下端を上のほうに引っ張って、スライダーとエンドボックスから右側のエレメントの下端を抜きます。

2. 閉じる

Flow1　左手でスライダーとエンドボックスを密着させたまま、しっかり持ちます。親指が外側、人差し指と中指が内側になるように、はさんで持ちます。

Flow2　右手で右側のテープの下端を、親指が外側、人差し指と中指が内側になるように、はさんで持ちます。

Flow3　スライダーにエレメント下端を上から下に向かってさしこみます。

Flow4　続いて、エンドボックスの奥までエレメント下端をさしこみます。エンドボックスに正確に入っていなかったり、スライダーが動いてしまったりすると、引き手が動きません。
また、スライダーがエンドボックスに密着していないと、離れたまま引き手とスライダーが動いてしまうこともあります。

Flow5　左手でエンドボックスを、親指が外側、人差し指と中指が内側になるように、はさんで持ちます。

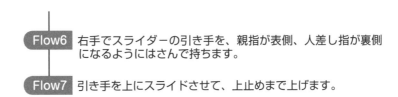

Flow6 右手でスライダーの引き手を、親指が表側、人差し指が裏側になるようにはさんで持ちます。

Flow7 引き手を上にスライドさせて、上止めまで上げます。

> **Point**
>
> **援助、形態**
>
> ●スライダーとエンドボックスに抜いたりさしこんだりする操作は難しいです。できるようになるまで、援助して、子どもの手に、手を添えて一緒に行うようにします。
> ●スライダーとエンドボックスは、操作しやすい大きさのものから学習します。

(6) ボタン

　衣類には、実用性と装飾性から、色・形・大きさ・材質など多種多様のボタンが使われています。衣類にボタンホールが空けてあるものだけでなく、ループを使うタイプもあります。
　初めは、はめはずしの操作がしやすいボタンとボタンホールで始めます。
　ボタンは、次のようなものがよいです。

・持ちやすいものの中で、最も大きいもの。
・持ちやすい厚さのもの。
・平らなもの。
・丸いもの（平らなもので）。
・縁がやや高くなっているもの。

　学生服の金ボタンのように、平らでないものは、持ちにくく、初期の学習には用いません。
　一番上のボタンは、首に近いので、手の位置が高く、目で見ることができないので、操作が難しいです。
　胸の高さにあるボタンは、手の位置がほどよい高さで、目で見ることができるので、操作がやさしいです。

第4章 衣類を身につける学習

　ボタンホールは、縦穴と横穴があります。縦穴のほうがやさしいです。男子用は、ボタンが右側、ボタンホールが左側にあります。女子用は逆で、ボタンが左側、ボタンホールが右側にあります。

　男子用の上着（ブレザー）で説明をします。

1. はずす

Flow1 ボタンホールのすぐ脇の前立て部分を、右手の親指と人差し指ではさんで持ちます。

Flow2 ボタンを、左手の親指と人差し指ではさんで持ちます。
指先ではさんで持てないときは、援助して一緒に行います。

Flow3 右手で持っている前立て部分を、右方向に引っ張ります。

Flow4 左手で持っているボタンを押して、ボタンホールに入れます。

Flow5 ボタンホールから右側に出てきたボタンを、右手の親指と人差し指ではさんで持ちます。

Flow6 ボタンホールのすぐ脇の前立て部分を、左手の親指と人差し指ではさんで持ちます。

Flow7 左手を左方向に、右手を右方向に引いて、ボタンをはずします。

2. はめる

Flow1 ボタンホールのすぐ脇の前立て部分を、右手の親指と人差し指ではさんで持ちます。

Flow2 左手の親指と人差し指の指先を、ボタンホールに入れます。親指と人差し指の指先が入るボタンホールの大きさが必要です。ボタンホールが探せなかったり、指先を入れることができなかったりするときは、援助して一緒に行います。

Flow3 ボタンを、右手の親指と人差し指ではさんで持ちます。

Flow4 右手で持っているボタンを、ボタンホールから出ている左手の親指と人差し指まで持っていきます。

Flow5 ボタンホールから出ている左手の親指と人差し指で、ボタンをはさんで持ちます。

Flow6 ボタンホールのすぐ脇の前立て部分を、右手の親指と人差し指ではさんで持ちます。

Flow7 左手を左方向に、右手を右方向に引いて、ボタンをはめます。

5 方法 第五群 付属するもの

> **Point**
>
> ## 順序
>
> ●ボタンのはめはずしの操作は難しいです。できないところは、できるようになるまで援助して一緒に行いましょう。
>
> ●初めは、ボタン一つで学習します。残りのボタンは、はめはずしをしてあげます。最初から、ボタンすべてを行うと、いやになってしまう様子が多く見られます。一つのボタンができるようになったら、もう一つ……というように、順にふやしていきましょう。
>
> ●ボタンの位置は、操作しやすい中ほどから始め、難しい一番上は後に行います。できるようになったら、上から順に行うようにします。
>
> ●ボタンホールの表側に親指を、裏側に人差し指をあてて、はさんで持って、ボタンのはめはずしができるときは、それでよいでしょう。

第4章 衣類を身につける学習

> **Point**
>
> ## 三つボタンのベスト
>
> 三つのボタンをつけたベストを作り、初期段階で学習します。
> 子どもが操作しやすいものの中で最も大きいボタンを、三つつけます。
> はめはずしが最もしやすい位置に一つ、その上と下に一つずつつけます。
> 手順は前ページの「はずす・はめる」と同じように行います。
> できるようになったら、ボタンを少しずつ小さくしていきます。
>
> ボタンをはめる学習のステップは次の通りです。
> ボタンホールは、縦穴で学習します。できるようになったら横穴で行います。
>
> ＜ボタンをはめる学習のステップ＞
>
> **Step1**
>
>
>
> ボタン一つ
>
> 1：真ん中のボタンの練習
>   上と下のボタンをはめておく
> 2：下のボタンの練習
>   上と真ん中のボタンをはめておく
> 3：上のボタンの練習
>   真ん中と下のボタンをはめておく
>
> **Step2**
>
>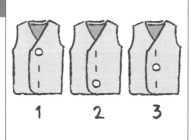
>
> ボタン二つ
>
> 1：真ん中と下のボタンの練習
>   上のボタンをはめておく
> 2：真ん中と上のボタンの練習
>   下のボタンをはめておく
> 3：下と上のボタンの練習
>   真ん中のボタンをはめておく
>
> **Step3**
>
>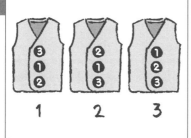
>
> ボタン三つの練習順序
>
> 1：真ん中→下→上
> 2：真ん中→上→下
> 3：上→真ん中→下
>
> ※「Step 1 ボタン一つ」では、ボタンが一つだけついているベストで学習すればよいと思われがちです。しかし、ボタン一つでは、ボタンホールのほうを持っている左手と、ボタンを持っている右手の、可動範囲が広く、誤操作が生じやすいです。適度にゆとりのあるベストで、上下のボタンをはめておき、真ん中のボタンで学習すると、誤操作が生じにくく、はめはずしの操作がしやすくなります。
> ※「Step 2・Step 3」では、かけまちがえのないように、援助することが大切です。

(7) ひも 〜ひも結び〜

ひもはスニーカーなどのくつに多く使われています。衣類では、ウインドブレーカーのフードのつけ根や裾などに見られます。ひもの結び方はいろいろあります。ここでは、くつひもの「ちょう結び」について述べます。

ひもを結ぶには、かなりの手指の巧緻性が必要です。初期の段階で、くつを使って学習をしても、複雑な手指の動きを覚えるのは難しいです。また、操作に時間がかかるため姿勢が保持しにくく、手もとに比べ足もとは見えにくくなります。

太さ・長さ・色・材質などを考え、持ちやすく、扱いやすいひもを用いて、結ぶ手指の動きを覚えてから、実際のくつひもに移行するとよいでしょう。

次に、身近な材料を使ってひも結びの学習に使う教具の作り方を紹介し、それを用いた結び方について説明します。

1. 教具

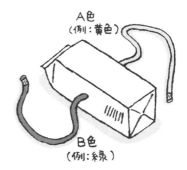

材料

- 1ℓの牛乳の空きパック 1つ
  パック表面の絵や文字が気になるときは、着色したり模様のない紙を貼ったりします。

- 中につめる物
  不要になった衣類などがよいです。牛乳パックが動きにくい適度な重さが必要です。発泡スチロールなどの軽いものは適切ではありません。

- ひも 2色 各色1本
  操作しやすい太さと長さの手芸用カラーロープを用います。
  初期段階では、太めのもの（直径1cmぐらい）で、長さの目安は50cmぐらいがよいでしょう。黄色と緑・ピンクと青など、色合いが見分けやすい組み合わせにします。牛乳パックや台との色の関係も考えます。
  視覚に障害がある場合は、触って区別しやすい材質の2種類にします。

作り方

Flow1 　牛乳の空きパックの両側面の真ん中に、ひもが通る穴を開けます。

Flow2 　ひもの一方の端を結び、牛乳パックの側面の穴に、中から外へひもを通して、止まるまで引き出します。

Flow3 　もう1本のひもも同様に、もう一つの穴に通します。

第**4**章 衣類を身につける学習

Flow4 牛乳パックの中に詰めものをして、布貼ガムテープで閉じます。適度な重さが必要なので、ぎっしり詰めます。詰めものの重みがあったほうが安定します。

Flow5 ひもの端がほつれてこないように、セロハンテープを巻きます。

2. 結び方 ひも2色の一方をA色、他方をB色と表記して説明します。

Flow1 机上に前ページの教具を呈示します。
牛乳パックが動いて操作しにくいときは、動かないように固定するとよいでしょう。
ひもは、右側をA色、左側をB色とします。

Flow2 左右の手で、それぞれひもの端から10cmぐらいのところを親指と人差し指ではさんで持ちます。

Flow3 B色が手前になるようにひもを交差させ、交差させたところ（以下 交差点という）を、A色・B色両方を一緒に、左手の親指と、人差し指・中指ではさんで持ちます。
（交差点から先は、右がB色、左がA色になっています。）

Flow4 B色の交差点の少し先を、右手の人差し指で下に向けて折り、親指の爪の上にB色のひもをあてて、親指を動かしながら下から上へ折り上げます。

Flow5 左右とも、ひもの端を親指と人差し指ではさんで持ち、止まるまで引っ張ります。
交差点が牛乳パックの上にきて、結び目になります。

Flow6 B色のひもの、結び目から15cmぐらいのところを、右手の親指と人差し指・中指ではさんで持ちます。

Flow7 A色のひもの、結び目から7cmぐらいのところを、左手の親指と人差し指・中指ではさんで持ちます。

Flow8 A色のひもを左手の親指と中指ではさんで持ったまま、左手の人差し指に、右側のB色のひもをひっかけて、輪を作ります。

Flow9 結び目のすぐ上、B色の輪の根もとを、右手の親指と人差し指・中指ではさんで持ちます。

Flow10 B色の輪の根もとを右手で持ったまま、左側に少し傾けます。

Flow11 左手で持っているA色のひもを、B色の輪の外側から上を通って下におろし、B色の輪の内側の根もとまで持ってきます。

Flow12 左手で持っているA色のひもを、下の輪に通すように、指で押して、外側に出します。

5 方法 **第五群** 付属するもの

Flow13 右手の親指と、人差し指・中指で、A色の輪をはさんで持ちます。

Flow14 左手の親指と、人差し指・中指で、B色の輪をはさんで持ちます。

Flow15 左右の手で輪を引っ張って、ひもを締めます。

ひもの持ち方・結び方にもいろいろな方法があります。
上記の方法を応用して、子どもの実態に合わせて工夫しましょう。

・ひもを、親指と人差し指・中指で持つか、親指と人差し指で持つか。

・ひもを、薬指と小指ではさんでいるか、いないか。

・ひもを交差するとき、どちらのひもを手前にするか。

・一つ目の輪を作るとき、右側に作るか、左側に作るか。

・二つ目の輪を作るとき、ひもを外側から回すのか、内側から回すのか。

Point

援助

●同じ練習用具を横に置き、動作の見本を示しながら行うとよいでしょう。

●できるようになるまで、援助して、子どもの手に、手を添えて一緒に行います。

●ひもの色を左右別々にすることで、複雑な指の動きとひもの形状の変化の関係が見えやすくなります。援助のときのことばかけも、色の名称を用いて説明をするとわかりやすいです。

できるようになったら

Flow1 2色でできるようになったら、同じ太さで、左右とも同じ色のひもで学習します。

Flow2 手指の動かし方がわかったら、ひもを細くして学習します。

Flow3 細いひもでもできるようになったら、くつひもで学習します。

Flow4 実際にはくくつを机上に置いて学習します。机上は足もとに比べ、見えやすく操作しやすいです。くつは動かないように固定するとよいでしょう。

Flow5 できるようになったら、くつをはいて学習します。台などに腰掛けてひもを結びます。

145

第4章 衣類を身につける学習

6 順序よく身につける学習

身につけるものをそれぞれできるようになったら、順序よく着る学習を行います。
順序よく着る学習のステップは、次の通りです。

Step1 1枚ずつ呈示
・着る順に1枚ずつ手渡しします。
・着る順に1枚ずつ、机などの上に広げて置きます。

Step2 2枚ずつ呈示
・上半身に身につけるものと、下半身に身につけるものを、1枚ずつ机などの上に広げて呈示します。見分けて着ます。
・上半身に身につけるもの2枚、あるいは、下半身に身につけるもの2枚を、机などの上に広げて呈示します。
・身につけるもの2枚を、机などの上に広げないで呈示します。

Step3 3枚ずつ呈示
・呈示の方法はStep 2 と同じです。

Step4 呈示する枚数を、順次ふやしていきます。

Point

まちがえさせない工夫と成功体験が大切

●一動作ごとによくほめます、何度もほめます。
●できるようになるまで、子どもの手に、手を添えて一緒に行います。
●一つの服を身につけるにもいろいろな動作があります。
　ねらいを絞って、やさしい動作から始めましょう。
●下着から順に学習するのではなく、やさしいものから行います。

第**5**章 どちらの箱に入っているか
見比べる・見分ける学習

（視覚認知を高める延滞の学習 ～注視・追視による記銘・記憶・想起・推測～）

1 延滞の学習の基本的な考え方

（1）延滞の学習とは

「延滞反応」に基づいた学習です。

『心理学事典』（下中邦彦 編 平凡社 1978 年刊）には、延滞反応は次のように記載されています。

「遅延反応ともいう。過去において与えられた手がかりに基づいておこなわれ、現在の状況に適応的な反応。（以下省略）」。

延滞の学習にはいろいろな方法があります。本書の基礎学習においては、箱とふたを用いて行います。方法について説明します。

二つの箱を呈示します。片方の箱におもちゃなどを入れます。そして、ふたをします。子どもは、どちらの箱に入れたのかをよく見て覚えているようにします。それから入っているほうのふたを取って、おもちゃなどを箱から取り出します。

このような学習を、「延滞の定義」に照らすと次のようになります。

ア	子どもによく見せながら、呈示した二つの箱の片方に、おもちゃなどを入れる。	与えられた手がかり
イ	箱にふたをして遮蔽している。	現在の状況 （この時点から見れば、アは過去において与えられた手がかりとなる）
ウ	子どもはふたをした二つの箱のどちらに入っているか覚えていて、入っているほうのふたを取って、箱からおもちゃなどを取り出す。	現在の状況に適応的な反応

第**5**章　どちらの箱に入っているか　見比べる・見分ける学習

(2) 延滞の学習のレディネス

いつ延滞の学習を始めたらよいのでしょう。

次のような事がらが挙げられます。

> ・注視や追視ができる。
> ・おもちゃなどを箱に入れてふたをしたり、箱を移動したりする間、待つことができる。
> ・「どっちに入っていますか？」などのことばかけがわかる。

　これらの力が十分に育っていなくても、延滞の学習を行ってよいと考えています。延滞の学習をとおして、これらの力の向上を図っていきます。

※レディネス：ある課題について学習する準備ができていること。

(3) 延滞の学習の意義

　レディネスを踏まえ延滞の学習をすることで、次のような行動の高次化を図り、考える力を育てていきます。

> **記銘**：どちらの箱に入れたのか、覚えこむ。
> **記憶**：どちらの箱に入っているのか、覚えている。
> **想起**：ふたを取る行動を起こすときに、どちらの箱に入っているのか、思い出す。
> **推測**：ふたがしてある箱の中に、おもちゃなどが入っているはず、と考える。

　「しっかりと意識して見る。ふたがされているが、おもちゃなどが入っているという記憶に基づき、自発の運動として、おもちゃなどが入っているほうの箱のふたに手を伸ばす」という一連の行動をとおして、目と手の協応動作が向上していきます。

　また、どちらの箱におもちゃなどを入れるのかをよく見る注視や、移動する箱を視線をそらさないで目で追う追視など、視機能を高めることにもなると考えています。

　このようにして、見えないものを推測することが、考える力を高めることになります。

2 教材・教具について

次のようなものが必要です。

・箱とふた　２組
　（色・形・大きさなどがまったく同じもの）
　箱の形・大きさについては「❺ やってみましょう（1）作りましょう 1. 箱」（214ページ）参照。
　ふたには取っ手をつけます。
　ふたの形状はいくつか考えられます。
「❺ やってみましょう（1）作りましょう 2. ふた」（214ページ）参照。
　どの方向でも合わせやすい、まるい箱とまるいふたがよいでしょう。
　はらって落とすことのできる、箱に載っているだけのふたで説明します。

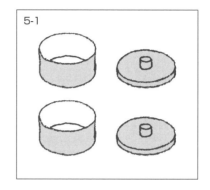
5-1

・箱に入れるおもちゃなど
　子どもの興味・関心、見えやすさ・持ちやすさを考えます。
　材質・形・色・重さ・大きさ・光沢など、子どもの実態に応じて検討します。

3 視覚認知を高める呈示の原則

(1) 呈示の原則

ステップを構成する要素は、次の四つがあります。

1. 呈示する位置

おもちゃなどが入っている箱を、子どもの利き手側に呈示するほうが、反利き手側に呈示するよりもやさしいです。

なぜでしょうか?

- 利き手側のほうが見えやすく取りやすいです。
- 反利き手側では、取るときに自分の体の正中線を超える手の動きが必要になり、難しいです。

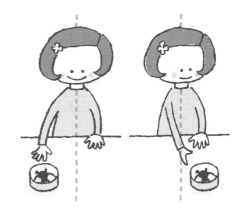

2. ふたをするタイミング

二つの箱のうち、おもちゃなどが入っている箱に、後からふたをするほうが、先にふたをするよりもやさしいです。

なぜでしょうか?

やさしい順に説明します。

正選択肢(おもちゃなどが入っている箱)に後からふたをしたとき
- 先にふたをした誤選択肢(何も入っていない箱)に対する意識は、弱くなります。
- 後からふたをしたほうへ視線が向いた状態で、そのまま手を伸ばして正選択肢を取ることができます。
- おもちゃなどを取るまでの時間が短いので、記憶と想起がしやすいです。

正選択肢に先にふたをしたとき
- 後からふたをした誤選択肢に視線が向いています。
- 「こっちじゃない」と考えて、再び正選択肢に視線を戻します。
- 正選択肢におもちゃなどが入っているはずだと推測して、取ります。
- おもちゃなどを取るまでの時間が長くなり、難しくなります。

同時にふたをしたとき
- 二つの箱を同時に見比べ、見分けるので、難しいです。

3. 箱の呈示の仕方

二つの箱を順に呈示するほうが、二つ同時に呈示するよりもやさしいです。

なぜでしょうか?

- 一つずつ呈示すると、見えやすくわかりやすいからです。
- 入っている箱を後から呈示すると、もっとやさしくなります。

・二つ同時に呈示すると、一つずつ順に呈示するのに比べ、見比べる力・見分ける力がより必要となります。

4. おもちゃなどを入れるタイミング

箱を呈示してからおもちゃなどを入れるほうがやさしいです。

なぜでしょうか?

やさしい順に説明します。
箱を呈示してからおもちゃなどを入れるとき
・目の前でおもちゃなどを入れると、よく見ることができて、覚えこみやすいです。
・近くで入れるので、取りやすいです。
・取るまでの時間が短いので、記憶にとどめておきやすく、やさしいです。

おもちゃなどを入れてから箱を呈示するとき
・箱におもちゃなどを入れてから、すべらせて近づけるので、目の前で入れるより、見えにくいです。
・記憶にとどめておく時間が長くなり、取るのが難しくなります。

(2) 学習の系統性

学習は、呈示する箱の数、ふたの有無とふたの仕方、箱の移動の有無と移動の仕方によって、次のように分けられます。

第1段階	箱一つ
第2段階	ふたのない箱二つ
第3段階	箱二つ・片方にのみ「ふた」
第4段階	ふたのある箱二つ
第5段階	ふたのある箱二つ・片方の箱の移動
第6段階	ふたのある箱二つ・両方の箱の移動

以下、箱の中に入れるものは「おもちゃ」と表記します。

(3) 手の使い方

おもちゃは必ず利き手で取るようにします。

おもちゃを取る手を、常に利き手にすることが大切です。右手で取ったり左手で取ったりすると、二つの箱を呈示したとき、左右の手で二つの箱に同時に触れる様子がしばしば見られます。そうなると、「よく見て、入っているほうに手を伸ばしておもちゃを取る」という課題が成立しにくくなります。したがって、常に利き手でおもちゃを取るようにします。反利き手では箱やおもちゃに触れないようにすることが、学習を進めるうえで重要です。

❹ 学習の方法

「学習の系統性」(151ページ) にそって、呈示の手順を説明していきます。

第1段階　箱一つ

箱を一つ呈示して学習します。
学習は次のように分けられます。
第1ステージ：ふたのない箱一つ
第2ステージ：ふたのある箱一つ

第1段階　第1ステージ：ふたのない箱一つ

ふたのない箱を一つ呈示します。
箱の中に、おもちゃをよく見せながら入れます。
子どもが、利き手で箱の中に入っているおもちゃを取る学習です。

【学習の初めでは】
・箱からおもちゃを取る動作を行って見せて、課題の理解を図ります。
・子どもの手に手を添えて援助して行い、どのように手を動かせばよいか、わかるようにしていきます。
・できないときは、できるようになるまで適切な援助をして学習を進めます。

【箱はすべらせて呈示します】
この段階では、箱を呈示するとき机上面をすべらせて呈示するのもよいでしょう。箱をすべらせて呈示することによって視線を誘導し、よく見るようにします。

> **まちがえさせないポイント**
> 学習空間のどこに箱を呈示するかによって、難易度が変わります。
> 次の Flow1 ～ Flow3 の順に学習します。

Flow1　近い位置に呈示

箱を机上（学習空間）の、子どもに近い位置に呈示します。
箱が近くにあるので、中が見えやすいです。おもちゃに手を伸ばして取ることも、遠い位置に呈示したものに比べるとやさしいです。

【視機能を高めるために】
箱の中におもちゃを、ゆっくりと入れます。中に入れるおもちゃをよく見せ、中に入れるまでの動きを追視できるようにします。追視できるようになることが視機能の向上につながります。

【追視が難しいときは】
援助して、子どもの手をおもちゃに触れさせて、箱の中に入れる動作を一緒に行います。子どもは、おもちゃに触れている自分の手の動きを見ながら、追視が少しずつできるようになっていきます。

Flow2　中央の位置に呈示

箱を机上（学習空間）の中央の位置に呈示します。
箱の呈示位置が少し遠くなりますが、よく見ておもちゃを取るように学習を行います。

Flow3　遠い位置に呈示

箱を机上（学習空間）の、子どもから遠い位置に呈示します。
箱が遠くにあるので、中が見えにくくなります。よく見ておもちゃを取るように学習を行います。
箱の深さによっては、おもちゃが見えなくなるように呈示することができ、ふたをしたのと同じ状態になります。
この学習を行うことによって、ふたをする学習に円滑に移行できます。

5-2

※学習は、Flow1→Flow2→Flow3と、一連のまとまりとして行います。

第**5**章　どちらの箱に入っているか　見比べる・見分ける学習

第1段階　**第2ステージ：ふたのある箱一つ**

ふたのある箱を一つ呈示します。

箱の中に、おもちゃをよく見せながら入れて、ふたをします。子どもが利き手でふたを取って、箱の中に入っているおもちゃを取る学習です。学習の初めにおいては、課題を理解し、できるようになるために、次のことが大切です。

　・模範を示して、よく見せる。

　・子どもの手に、手を添えて、援助して行う。

まちがえさせないポイント 1

箱にふたをすると、おもちゃを取ろうとする自発の運動が起きなかったり、伸ばしてきた手の動きが止まったり、ひっこめたりする様子が見られることがあります。このようなときには、次の順序で適切な援助をして学習を進めます。

・箱に向かって手を伸ばす。

・ふたを取る。

・ふたを手渡す。あるいは、ふたを机上に置く。

・おもちゃの入っている箱に再び手を伸ばす。

・箱の中のおもちゃを取る。

ふたを取ったところで、ふたを振ったり、たたいたり、なめたりするなどの行動が見られ、おもちゃを取るという自発の運動が起きなくなることがあります。このようなときは、すみやかに、子どもが持っているふたを、子どもの手の動きに合わせてタイミングよく受け取るようにします。そして、箱の中のおもちゃに手を伸ばすように援助することが、課題を成立させることにつながります。

まちがえさせないポイント 2

ふたがないと中に入っているおもちゃが見えていますが、ふたがあると見えません。そのため、「ふたがあって見えないが、おもちゃがあるはずだ」という考えが必要になります。

箱一つでも、ふたがあると、推測しなければならないので、難しくなります。

まちがえさせないために、学習の初期において、右ページ **Flow1** ～ **Flow3** のような工夫をするのもよいでしょう。

4 学習の方法　第1段階　箱一つ

Flow1　ふたをしても箱から一部分が出ていて見えるようにする

ふたをすると自発の運動が起きなくなる場合は、ふたをしても見える状態を設定して学習を行います。
ハンカチなどを箱から一部分出してふたをします。ハンカチが見えているので、ふたをしてもハンカチを取ろうとする自発の運動が起きやすくなります。この際、直接ハンカチを取るのではなく、援助をしてふたを取ってから、ハンカチを取るようにすることが大切です。出ているハンカチの量を少しずつ少なくしていくようにします。

5-3
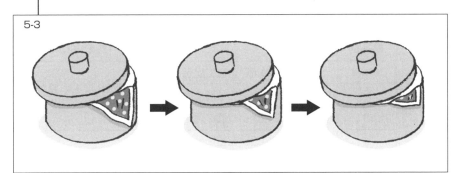

出ているハンカチの量の変化

箱から出ているものが小さくなって手の動きが止まったときは、援助して、子どもの手に手を添えて、一緒にふたを取るようにします。
また、ふたを取って箱の中に入っているものを見せてから、再びふたをする方法もあります。
箱の中のものを見せることによって視線を向けるようになり、箱に向かって手を伸ばすという自発の運動が起きやすくなります。

Flow2　常に音が鳴っているものを箱に入れる

ふたを取って何度かおもちゃを見せても、ふたをすると、箱に向かって手が伸びてこないときは、箱の中で常に音が鳴っているものを用いることが有効です。例えば、ぜんまい仕掛けのおもちゃを箱に入れます。ぜんまいが動いて音が鳴っていると、箱に手を伸ばしてふたを取り、箱の中のおもちゃを取ろうとする自発の運動が起きやすくなります。

Flow3　ふたをした箱を振ったとき音が鳴るようにする

Flow1　Flow2 ができるようになったら、Flow3 の学習を行います。
手の動きが止まったときは、箱を振って音を鳴らして視線を誘導します。再び箱に向かって手を伸ばすという自発の運動が起きやすくなります。
そして、箱を振らなくても、ふたを取って箱の中のおもちゃを取ることができるようになるまで学習を行います。

※学習は、Flow1→Flow2→Flow3と、一連のまとまりとして行います。
※Flow1・2・3の方法は、推測する手がかりを呈示しています。
　Flow1のハンカチ、Flow2のぜんまい仕掛けのおもちゃの音、Flow3の箱を振ったときの音を手がかりに、「見えないが、あるはず」という推測がしやすくなります。

第**5**章 どちらの箱に入っているか 見比べる・見分ける学習

【ふたのある箱一つの学習ステップ】

・学習空間である机上に箱を呈示するとき、呈示する位置が子どもに近いほうが見えやすく、手を伸ばしやすくなります。遠いほうが見えにくく、手が届きにくいので難しくなります。

・呈示する位置と、箱の中に入れるものを合わせて考えると、学習のステップは、次の表のようになります。

難易順	呈示する位置	箱の中に入れるもの
1	学習空間の近い位置に呈示	ふたをしても、箱から一部分が出ていて、見えるもの
2	学習空間の中央の位置に呈示	
3	学習空間の遠い位置に呈示	
4	学習空間の近い位置に呈示	常に音が鳴っているもの
5	学習空間の中央の位置に呈示	
6	学習空間の遠い位置に呈示	
7	学習空間の近い位置に呈示	ふたをした箱を振ったとき、音が鳴るもの
8	学習空間の中央の位置に呈示	
9	学習空間の遠い位置に呈示	

第2段階 ふたのない箱二つ

ふたのない箱を二つ呈示します。片方の箱に入っているおもちゃを取る学習です。
学習は次のように分けられます。

第1ステージ：利き手側におもちゃの入っている箱
第2ステージ：反利き手側におもちゃの入っている箱

※二つの箱は、見えやすい、操作しやすい、適切な間隔で呈示します。

第2段階　第1ステージ：利き手側におもちゃの入っている箱

Step1　利き手側　後出し

おもちゃが入る正選択肢の箱を利き手側に後から呈示します。

① 箱を順に呈示・箱を呈示してからおもちゃを入れる

② 箱を順に呈示・おもちゃを入れてから箱を呈示

Flow1

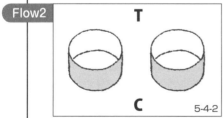

5-4-1
入っていない箱を反利き手側に呈示します。

Flow1

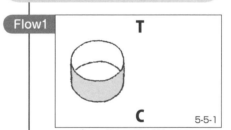

5-5-1
入っていない箱を反利き手側に呈示します。

Flow2

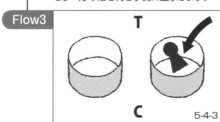

5-4-2
もう一方の箱を利き手側に呈示します。

Flow2

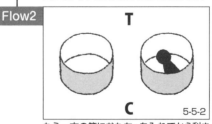

5-5-2
もう一方の箱におもちゃを入れてから利き手側に呈示して、おもちゃをよく見せます。

Flow3

5-4-3
利き手側の箱におもちゃをよく見せながら入れます。

※これ以後、図内のTは指導者、Cは子どもを表します。
※これ以後、利き手は右として図を掲載しています。

第5章 どちらの箱に入っているか　見比べる・見分ける学習

> **まちがえさせないポイント**
>
> **箱に入れるおもちゃは、子どもによく見せながら入れます。**
> 見ないときは、子どもが自分で箱に入れるようにします。自分の手の動きを見ることをとおして、追視や注視ができるようになります。これは、よく見るための工夫です。
>
> **二つの箱で学習するとき、課題を成立させるために、次のことが必要です。**
> ・反利き手では箱に触れないようにします。
> ・利き手であっても、おもちゃが入っていない箱には触れないようにします。

Step2　利き手側　先出し

おもちゃが入る正選択肢の箱を利き手側に先に呈示します。

① 箱を順に呈示・箱を呈示してからおもちゃを入れる

Flow1
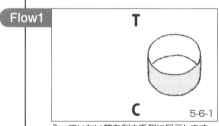
5-6-1
入っていない箱を利き手側に呈示します。

Flow2
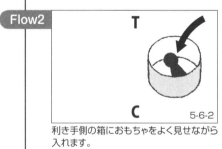
5-6-2
利き手側の箱におもちゃをよく見せながら入れます。

Flow3
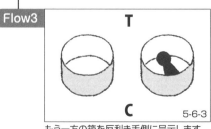
5-6-3
もう一方の箱を反利き手側に呈示します。

② 箱を順に呈示・おもちゃを入れてから箱を呈示

Flow1
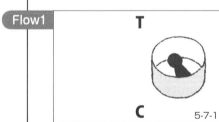
5-7-1
箱におもちゃを入れてから利き手側に呈示して、おもちゃをよく見せます。

Flow2
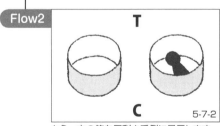
5-7-2
もう一方の箱を反利き手側に呈示します。

4 学習の方法　第2段階　ふたのない箱二つ

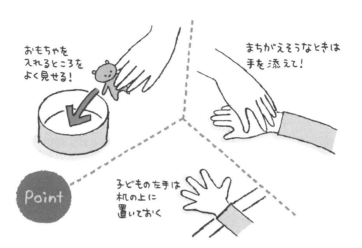

Step3　利き手側　同時

おもちゃが入る正選択肢の箱を利き手側に、もう一方の箱を反利き手側に、同時に呈示します。

① 箱を同時に呈示・箱を呈示してからおもちゃを入れる

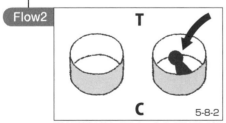

Flow1　5-8-1
箱を二つ同時に呈示します。

Flow2　5-8-2
利き手側の箱におもちゃをよく見せながら入れます。

② 箱を同時に呈示・おもちゃを入れてから箱を呈示

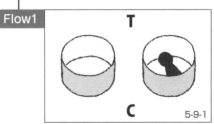

Flow1　5-9-1
おもちゃの入っている箱をよく見せながら利き手側に、入っていない箱を反利き手側に、同時に呈示します。

第2段階 第2ステージ：反利き手側におもちゃの入っている箱

Step1 反利き手側　後出し

おもちゃが入る正選択肢の箱を反利き手側に後から呈示します。

① 箱を順に呈示・箱を呈示してからおもちゃを入れる

Flow1

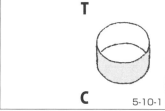

5-10-1
入っていない箱を利き手側に呈示します。

Flow2

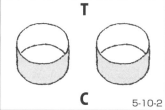

5-10-2
もう一方の箱を反利き手側に呈示します。

Flow3

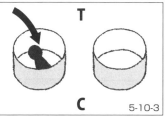

5-10-3
反利き手側の箱におもちゃをよく見せながら入れます。

② 箱を順に呈示・おもちゃを入れてから箱を呈示

Flow1

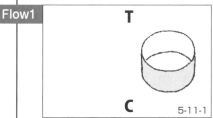

5-11-1
入っていない箱を利き手側に呈示します。

Flow2

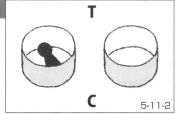

5-11-2
もう一方の箱におもちゃを入れてから反利き手側に呈示しておもちゃをよく見せます。

4 学習の方法 　**第2段階** ふたのない箱二つ

※学習は、Step1→Step2→Step3と、一連のまとまりとして行います。
　子どもの実態に応じて学習のステップを組み替えましょう。

Step2　反利き手側　先出し

おもちゃが入る正選択肢の箱を反利き手側に先に呈示します。

① 箱を順に呈示・箱を呈示してからおもちゃを入れる

Flow1

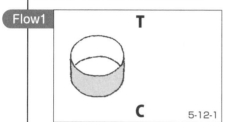

5-12-1

入っていない箱を反利き手側に呈示します。

Flow2

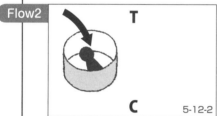

5-12-2

反利き手側の箱におもちゃをよく見せながら入れます。

Flow3

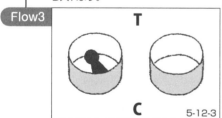

5-12-3

もう一方の箱を利き手側に呈示します。

② 箱を順に呈示・おもちゃを入れてから箱を呈示

Flow1
Flow2

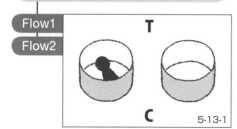

5-13-1

箱におもちゃを入れてから反利き手側に呈示して、おもちゃをよく見せます。
もう一方の箱を利き手側に呈示します。

Step3　反利き手側　同時

おもちゃが入る正選択肢の箱を反利き手側に、もう一方の箱を利き手側に、同時に呈示します。

① 箱を同時に呈示・箱を呈示してからおもちゃを入れる

Flow1

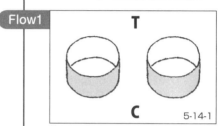

5-14-1

箱を二つ同時に呈示します。

Flow2

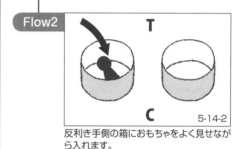

5-14-2

反利き手側の箱におもちゃをよく見せながら入れます。

② 箱を同時に呈示・おもちゃを入れてから箱を呈示

Flow1

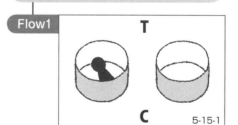

5-15-1

おもちゃの入っている箱をよく見せながら反利き手側に、入っていない箱を利き手側に、同時に呈示します。

第3段階　箱二つ・片方に「ふた」

箱を二つ呈示して、片方にふたをします。
学習は次のように分けられます。
第1ステージ：おもちゃが入っていない箱に、ふた
第2ステージ：おもちゃが入っている箱に、ふた

第3段階　第1ステージ：おもちゃが入っていない箱に、ふた

片方の箱におもちゃを入れ、おもちゃの入っていない箱にふたをします。おもちゃをよく見て箱から取ります。このとき、おもちゃが入っていない箱のふたには触れないようにすることが大切です。ふたにどうしても触れてしまうときは、このステップを省略して次の第2ステージの学習へ進みましょう。

Step1　利き手側　後出し

おもちゃが入る正選択肢の箱を利き手側に後から呈示します。

① 箱を順に呈示・箱を呈示してからおもちゃを入れる

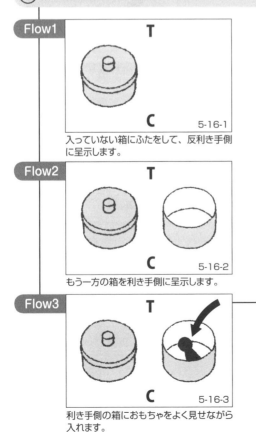

Flow1 (5-16-1)
入っていない箱にふたをして、反利き手側に呈示します。

Flow2 (5-16-2)
もう一方の箱を利き手側に呈示します。

Flow3 (5-16-3)
利き手側の箱におもちゃをよく見せながら入れます。

できるようになったら

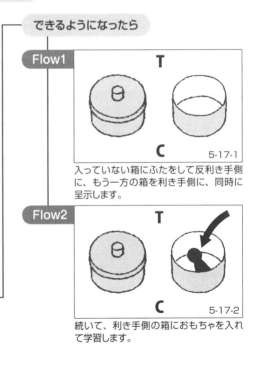

Flow1 (5-17-1)
入っていない箱にふたをして反利き手側に、もう一方の箱を利き手側に、同時に呈示します。

Flow2 (5-17-2)
続いて、利き手側の箱におもちゃを入れて学習します。

4 学習の方法　第3段階 箱二つ・片方に「ふた」

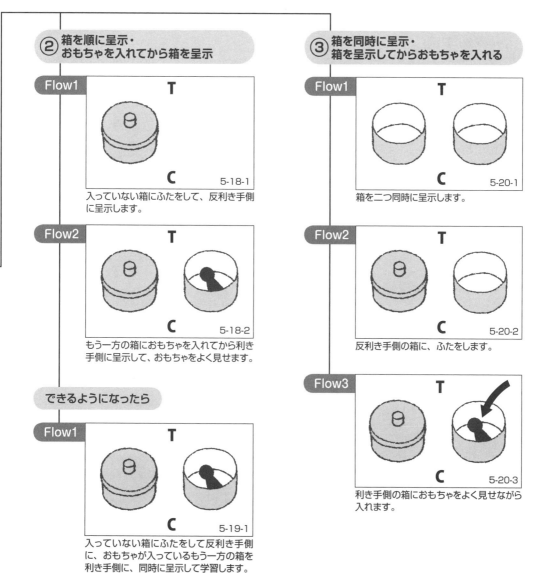

② 箱を順に呈示・おもちゃを入れてから箱を呈示

Flow1　5-18-1
入っていない箱にふたをして、反利き手側に呈示します。

Flow2　5-18-2
もう一方の箱におもちゃを入れてから利き手側に呈示して、おもちゃをよく見せます。

できるようになったら

Flow1　5-19-1
入っていない箱にふたをして反利き手側に、おもちゃが入っているもう一方の箱を利き手側に、同時に呈示して学習します。

③ 箱を同時に呈示・箱を呈示してからおもちゃを入れる

Flow1　5-20-1
箱を二つ同時に呈示します。

Flow2　5-20-2
反利き手側の箱に、ふたをします。

Flow3　5-20-3
利き手側の箱におもちゃをよく見せながら入れます。

163

第5章 どちらの箱に入っているか 見比べる・見分ける学習

Step2 利き手側 先出し

おもちゃが入る正選択肢の箱を利き手側に先に呈示します。

① 箱を順に呈示・箱を呈示してからおもちゃを入れる

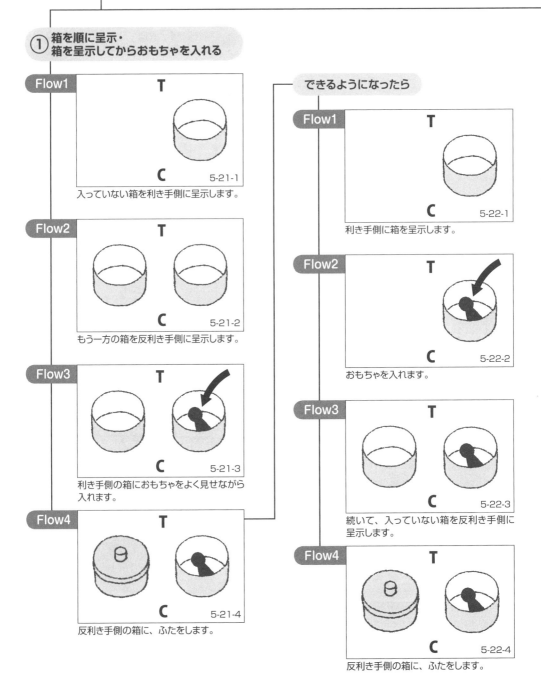

Flow1 (5-21-1) 入っていない箱を利き手側に呈示します。

Flow2 (5-21-2) もう一方の箱を反利き手側に呈示します。

Flow3 (5-21-3) 利き手側の箱におもちゃをよく見せながら入れます。

Flow4 (5-21-4) 反利き手側の箱に、ふたをします。

できるようになったら

Flow1 (5-22-1) 利き手側に箱を呈示します。

Flow2 (5-22-2) おもちゃを入れます。

Flow3 (5-22-3) 続いて、入っていない箱を反利き手側に呈示します。

Flow4 (5-22-4) 反利き手側の箱に、ふたをします。

4 学習の方法 　第3段階　箱二つ・片方に「ふた」

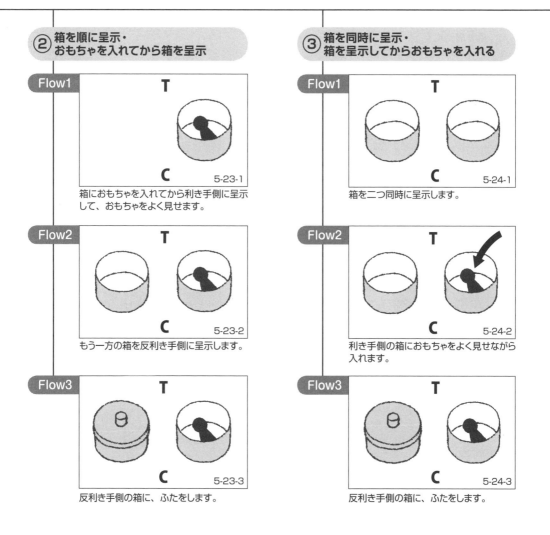

165

第5章 どちらの箱に入っているか　見比べる・見分ける学習

Step3　反利き手側　後出し

おもちゃが入る正選択肢の箱を反利き手側に後から呈示します。

④ 箱を同時に呈示・
おもちゃを入れてから箱を呈示

Flow1
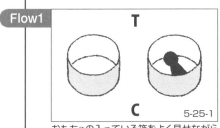
5-25-1
おもちゃの入っている箱をよく見せながら利き手側に、入っていない箱を反利き手側に、同時に呈示します。

Flow2
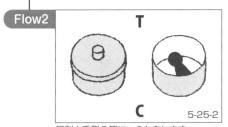
5-25-2
反利き手側の箱に、ふたをします。

① 箱を順に呈示・
箱を呈示してからおもちゃを入れる

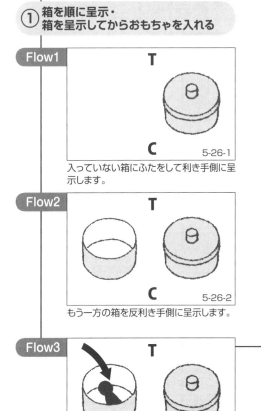

Flow1
5-26-1
入っていない箱にふたをして利き手側に呈示します。

Flow2
5-26-2
もう一方の箱を反利き手側に呈示します。

Flow3
5-26-3
反利き手側の箱におもちゃをよく見せながら入れます。

4 学習の方法　第3段階 箱二つ・片方に「ふた」

② 箱を順に呈示・おもちゃを入れてから箱を呈示

できるようになったら

Flow1

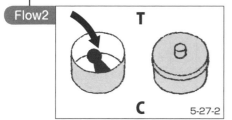

5-27-1

入っていない箱にふたをして利き手側に、もう一方の箱を反利き手側に、同時に呈示します。

Flow2

続いて、反利き手側の箱におもちゃを入れて学習します。

Flow1

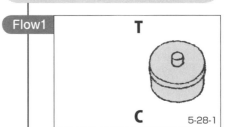

5-28-1

入っていない箱にふたをして利き手側に呈示します。

Flow2

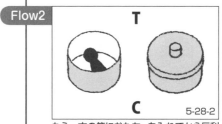

5-28-2

もう一方の箱におもちゃを入れてから反利き手側に呈示して、おもちゃをよく見せます。

できるようになったら

Flow1

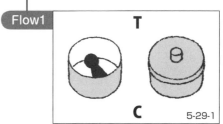

5-29-1

入っていない箱にふたをして利き手側に、おもちゃが入っているもう一方の箱を反利き手側に、同時に呈示して学習します。

167

第 5 章　どちらの箱に入っているか　見比べる・見分ける学習

Step4　反利き手側　先出し

おもちゃが入る正選択肢の箱を
反利き手側に先に呈示します。

③ 箱を同時に呈示・
箱を呈示してからおもちゃを入れる

Flow1

T

C

5-30-1

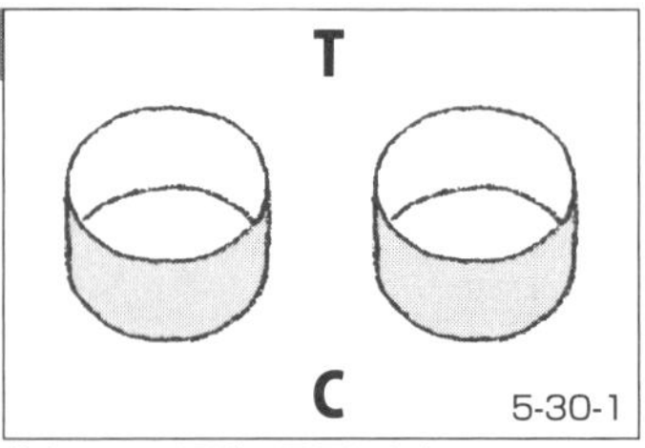

箱を二つ、同時に呈示します。

Flow2

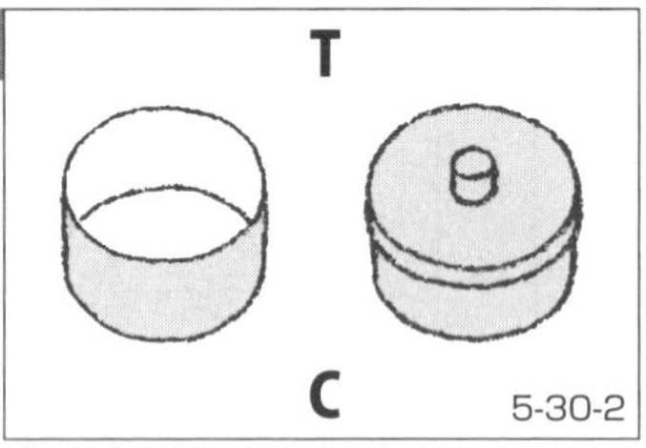

T

C

5-30-2

利き手側の箱にふたをします。

Flow3

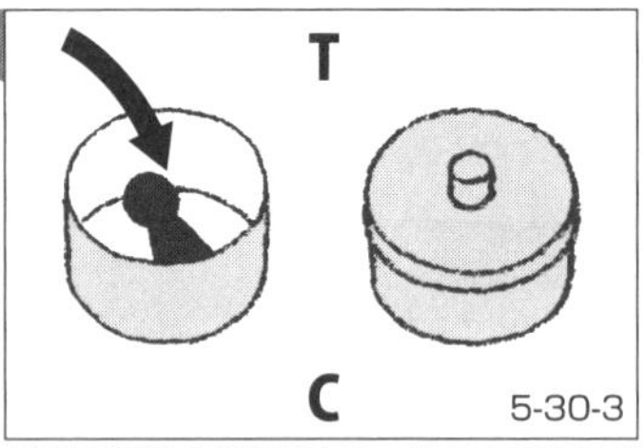

T

C

5-30-3

反利き手側の箱におもちゃをよく見せなが
ら入れます。

① 箱を順に呈示・
箱を呈示してからおもちゃを入れる

Flow1

T

C

5-31-1

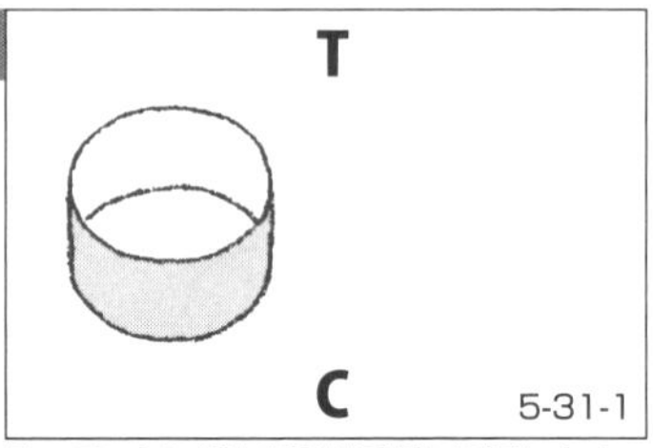

入っていない箱を反利き手側に呈示します。

Flow2

T

C

5-31-2

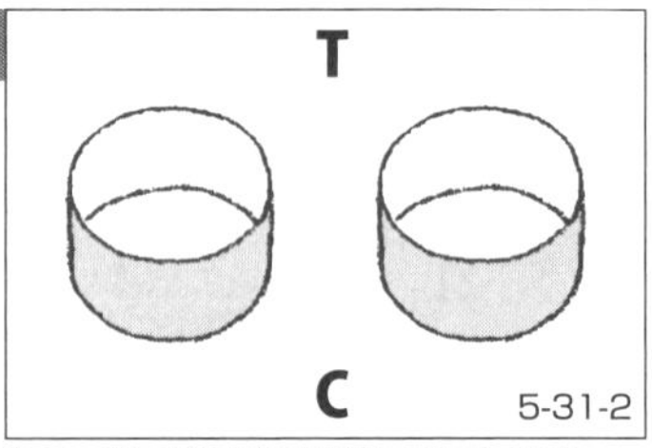

もう一方の箱を利き手側に呈示します。

Flow3

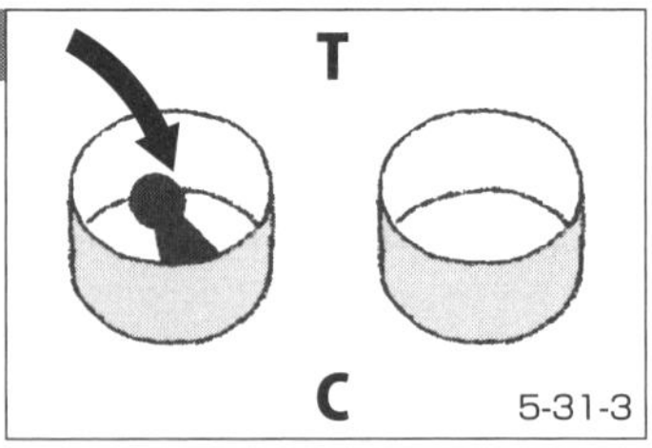

T

C

5-31-3

反利き手側の箱におもちゃをよく見せなが
ら入れます。

Flow4

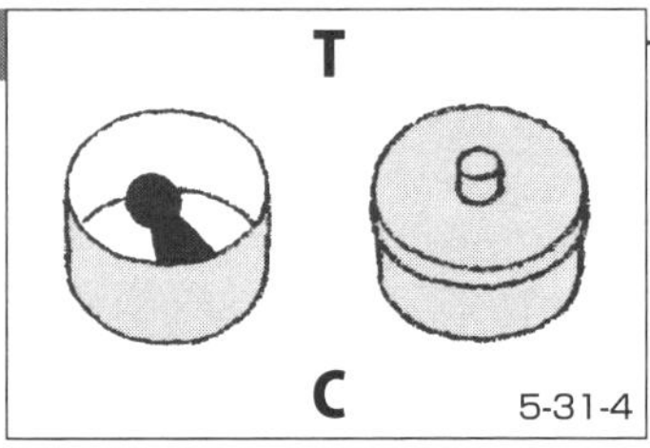

T

C

5-31-4

利き手側の箱に、ふたをします。

4 学習の方法　第3段階 箱二つ・片方に「ふた」

できるようになったら

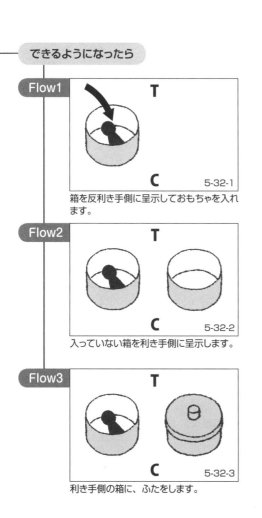

② 箱を順に呈示・
おもちゃを入れてから箱を呈示

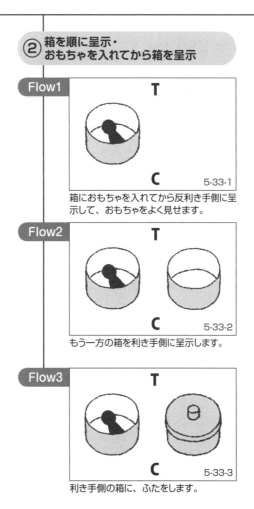

169

第5章 どちらの箱に入っているか　見比べる・見分ける学習

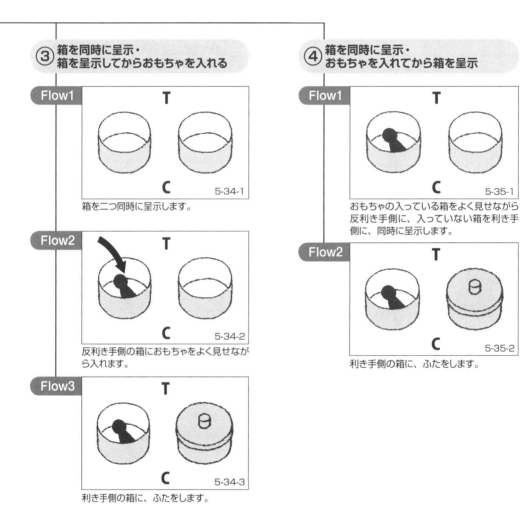

4 学習の方法 第3段階 箱二つ・片方に「ふた」

第3段階　第2ステージ：おもちゃが入っている箱に、ふた

片方の箱におもちゃを入れて、ふたをします。利き手でおもちゃが入っている箱のふたを取って、机上に置きます。そして、同じ利き手で箱の中のおもちゃを取ります。
反利き手でふたや箱に触れないようにすることが大切です。

Step1　利き手側　後出し

おもちゃが入る正選択肢の箱を、利き手側に後から呈示します。

① 箱を順に呈示・箱を呈示してからおもちゃを入れる

Flow1
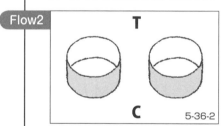
5-36-1
入っていない箱を反利き手側に呈示します。

Flow2
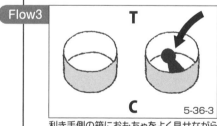
5-36-2
もう一方の箱を利き手側に呈示します。

Flow3
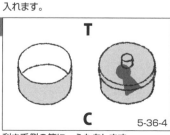
5-36-3
利き手側の箱におもちゃをよく見せながら入れます。

Flow4
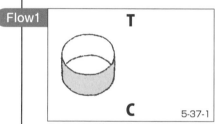
5-36-4
利き手側の箱に、ふたをします。

② 箱を順に呈示・おもちゃを入れてから箱を呈示

Flow1

5-37-1
入っていない箱を反利き手側に呈示します。

Flow2
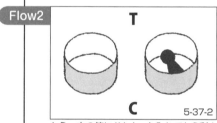
5-37-2
もう一方の箱におもちゃを入れてから利き手側に呈示して、おもちゃをよく見せます。

Flow3
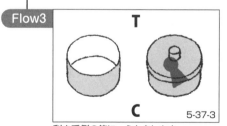
5-37-3
利き手側の箱に、ふたをします。

第5章 どちらの箱に入っているか　見比べる・見分ける学習

③ 箱を同時に呈示・
箱を呈示してからおもちゃを入れる

④ 箱を同時に呈示・
おもちゃを入れてから箱を呈示

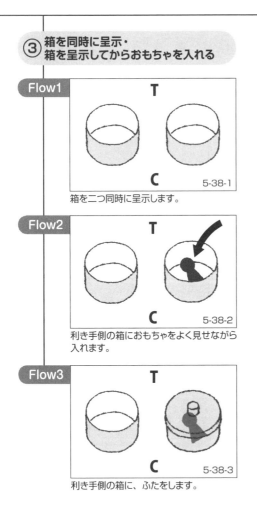

Flow1
箱を二つ同時に呈示します。

Flow2
利き手側の箱におもちゃをよく見せながら入れます。

Flow3
利き手側の箱に、ふたをします。

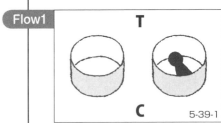

Flow1
おもちゃの入っている箱をよく見せながら利き手側に、入っていない箱を反利き手側に、同時に呈示します。

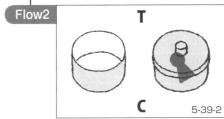

Flow2
利き手側の箱に、ふたをします。

4 学習の方法　第3段階　箱二つ・片方に「ふた」

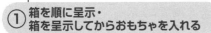

Step2　利き手側　先出し

おもちゃが入る正選択肢の箱を利き手側に先に呈示します。

① 箱を順に呈示・
箱を呈示してからおもちゃを入れる

Flow1
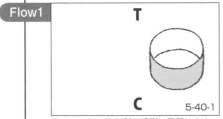
5-40-1
入っていない箱を利き手側に呈示します。

Flow2
5-40-2
利き手側の箱におもちゃをよく見せながら入れます。

Flow3
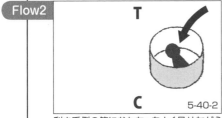
5-40-3
利き手側の箱に、ふたをします。

Flow4
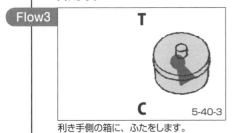
5-40-4
もう一方の箱を反利き手側に呈示します。

② 箱を順に呈示・
おもちゃを入れてから箱を呈示

Flow1
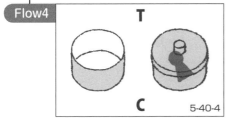
5-41-1
箱におもちゃを入れてから利き手側に呈示して、おもちゃをよく見せます。

Flow2
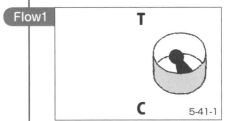
5-41-2
利き手側の箱に、ふたをします。

Flow3
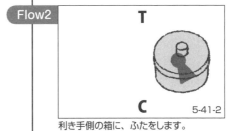
5-41-3
もう一方の箱を反利き手側に呈示します。

173

第5章 どちらの箱に入っているか 見比べる・見分ける学習

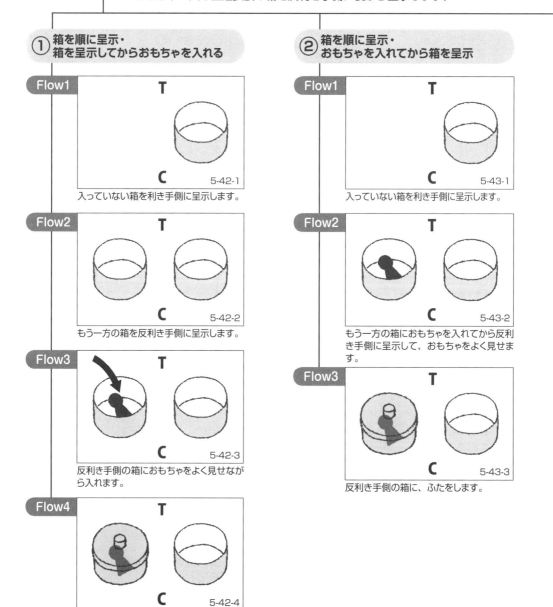

Step3　反利き手側　後出し

おもちゃが入る正選択肢の箱を反利き手側に後から呈示します。

① 箱を順に呈示・箱を呈示してからおもちゃを入れる

Flow1
入っていない箱を利き手側に呈示します。
5-42-1

Flow2
もう一方の箱を反利き手側に呈示します。
5-42-2

Flow3
反利き手側の箱におもちゃをよく見せながら入れます。
5-42-3

Flow4
反利き手側の箱に、ふたをします。
5-42-4

② 箱を順に呈示・おもちゃを入れてから箱を呈示

Flow1
入っていない箱を利き手側に呈示します。
5-43-1

Flow2
もう一方の箱におもちゃを入れてから反利き手側に呈示して、おもちゃをよく見せます。
5-43-2

Flow3
反利き手側の箱に、ふたをします。
5-43-3

4 学習の方法　第3段階　箱二つ・片方に「ふた」

③ 箱を同時に呈示・
箱を呈示してからおもちゃを入れる

Flow1
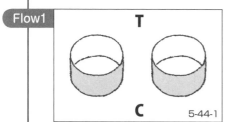
5-44-1
箱を二つ、同時に呈示します。

Flow2
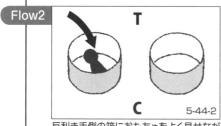
5-44-2
反利き手側の箱におもちゃをよく見せながら入れます。

Flow3
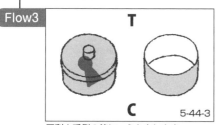
5-44-3
反利き手側の箱に、ふたをします。

④ 箱を同時に呈示・
おもちゃを入れてから箱を呈示

Flow1
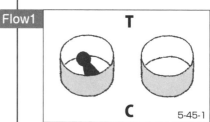
5-45-1
おもちゃの入っている箱をよく見せながら反利き手側に、入っていない箱を利き手側に、同時に呈示します。

Flow2
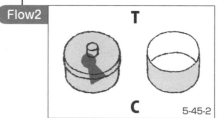
5-45-2
反利き手側の箱に、ふたをします。

第5章 どちらの箱に入っているか　見比べる・見分ける学習

Step4　反利き手側　先出し

おもちゃが入る正選択肢の箱を反利き手側に先に呈示します。

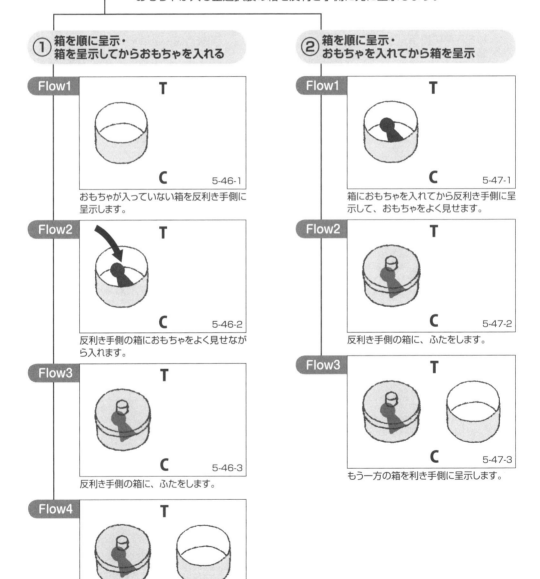

① 箱を順に呈示・箱を呈示してからおもちゃを入れる

Flow1　5-46-1
おもちゃが入っていない箱を反利き手側に呈示します。

Flow2　5-46-2
反利き手側の箱におもちゃをよく見せながら入れます。

Flow3　5-46-3
反利き手側の箱に、ふたをします。

Flow4　5-46-4
もう一方の箱を利き手側に呈示します。

② 箱を順に呈示・おもちゃを入れてから箱を呈示

Flow1　5-47-1
箱におもちゃを入れてから反利き手側に呈示して、おもちゃをよく見せます。

Flow2　5-47-2
反利き手側の箱に、ふたをします。

Flow3　5-47-3
もう一方の箱を利き手側に呈示します。

第4段階 ふたのある箱二つ

ふたのある箱を二つ呈示して学習します。
学習は次のように分けられます。
第1ステージ：箱を順に呈示・順にふた
第2ステージ：箱を同時に呈示・順にふた
第3ステージ：箱を順に呈示・同時にふた
第4ステージ：箱を同時に呈示・同時にふた

　利き手でおもちゃが入っている箱のふたを取ります。
　両手を使って左右のふたを取ると、見なくてもおもちゃを取ることができ、「よく見て、入っている箱のふたを取っておもちゃを取る」という課題が成立しにくくなります。「利き手でふたを取る」ということを定着させることが必要です。
　学習を進めていくうえで、次のことも重要です。

・おもちゃが入っていない箱のふたには触れないようにします。
・反利き手では、ふたや箱に触れないようにします。

第5章 どちらの箱に入っているか 見比べる・見分ける学習

第4段階　第1ステージ：箱を順に呈示・順にふた

Step1　利き手側　後出し・後からふた

利き手側に呈示した、おもちゃが入っている箱に、後からふたをします。

① 箱を順に呈示・箱を呈示してからおもちゃを入れる

Flow1
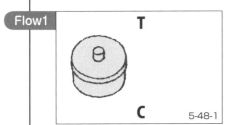
5-48-1
入っていない箱にふたをして反利き手側に呈示します。

Flow2
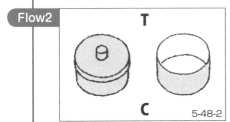
5-48-2
もう一方の箱を利き手側に呈示します。

Flow3
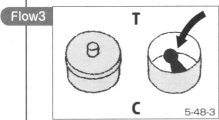
5-48-3
利き手側の箱におもちゃをよく見せながら入れます。

Flow4
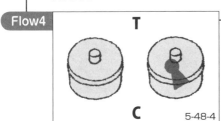
5-48-4
利き手側の箱にふたをします。

できるようになったら

Flow1
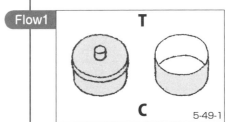
5-49-1
入っていない箱にふたをして反利き手側に、もう一方の箱を利き手側に、同時に呈示します。

Flow2
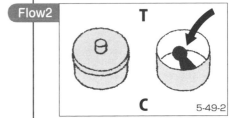
5-49-2
利き手側の箱におもちゃを入れます。

Flow3
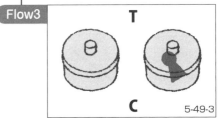
5-49-3
ふたをして学習します。

4 学習の方法　第4段階 ふたのある箱二つ

② 箱を順に呈示・おもちゃを入れてから箱を呈示

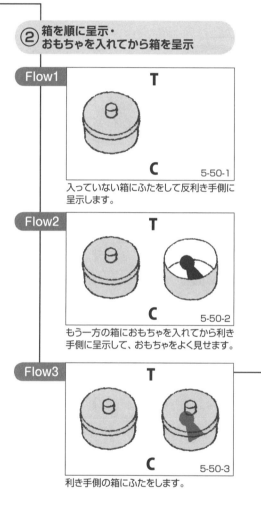

Flow1 5-50-1
入っていない箱にふたをして反利き手側に呈示します。

Flow2 5-50-2
もう一方の箱におもちゃを入れてから利き手側に呈示して、おもちゃをよく見せます。

Flow3 5-50-3
利き手側の箱にふたをします。

できるようになったら

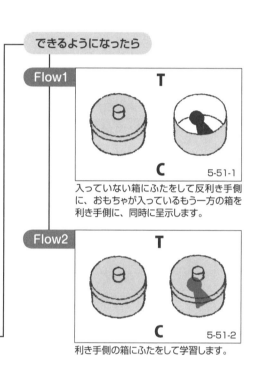

Flow1 5-51-1
入っていない箱にふたをして反利き手側に、おもちゃが入っているもう一方の箱を利き手側に、同時に呈示します。

Flow2 5-51-2
利き手側の箱にふたをして学習します。

179

第5章 どちらの箱に入っているか 見比べる・見分ける学習

Step2　利き手側　先出し・先にふた

利き手側に呈示した、おもちゃが入っている箱に、先にふたをします。

① 箱を順に呈示・箱を呈示してからおもちゃを入れる

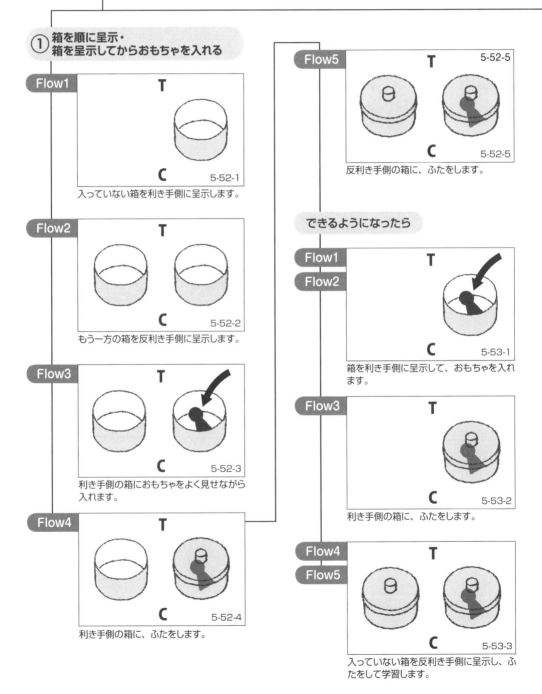

Flow1 入っていない箱を利き手側に呈示します。 (5-52-1)

Flow2 もう一方の箱を反利き手側に呈示します。 (5-52-2)

Flow3 利き手側の箱におもちゃをよく見せながら入れます。 (5-52-3)

Flow4 利き手側の箱に、ふたをします。 (5-52-4)

Flow5 反利き手側の箱に、ふたをします。 (5-52-5)

できるようになったら

Flow1 / Flow2 箱を利き手側に呈示して、おもちゃを入れます。 (5-53-1)

Flow3 利き手側の箱に、ふたをします。 (5-53-2)

Flow4 / Flow5 入っていない箱を反利き手側に呈示し、ふたをして学習します。 (5-53-3)

4 学習の方法　第4段階　ふたのある箱二つ

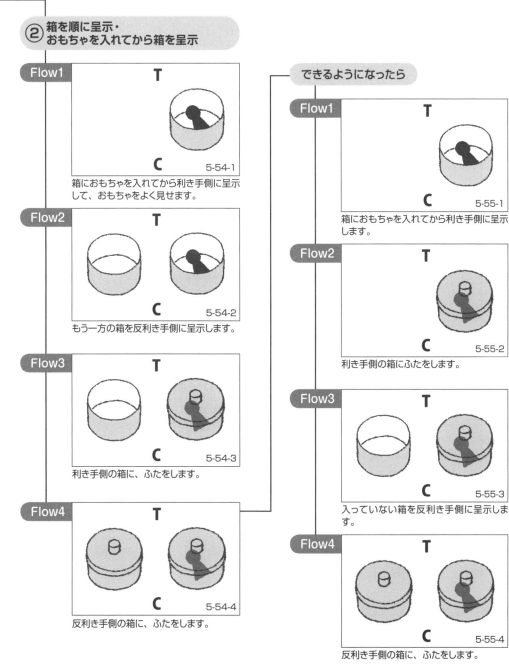

② 箱を順に呈示・おもちゃを入れてから箱を呈示

Flow1　5-54-1
箱におもちゃを入れてから利き手側に呈示して、おもちゃをよく見せます。

Flow2　5-54-2
もう一方の箱を反利き手側に呈示します。

Flow3　5-54-3
利き手側の箱に、ふたをします。

Flow4　5-54-4
反利き手側の箱に、ふたをします。

できるようになったら

Flow1　5-55-1
箱におもちゃを入れてから利き手側に呈示します。

Flow2　5-55-2
利き手側の箱にふたをします。

Flow3　5-55-3
入っていない箱を反利き手側に呈示します。

Flow4　5-55-4
反利き手側の箱に、ふたをします。

181

第5章 どちらの箱に入っているか 見比べる・見分ける学習

Step3　反利き手側　後出し・後からふた

反利き手側に呈示した、おもちゃが入っている箱に、後からふたをします。

① **箱を順に呈示・箱を呈示してからおもちゃを入れる**

Flow1
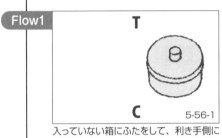
5-56-1
入っていない箱にふたをして、利き手側に呈示します。

Flow2
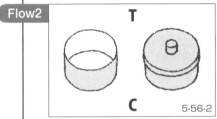
5-56-2
もう一方の箱を反利き手側に呈示します。

Flow3
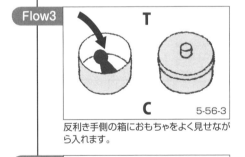
5-56-3
反利き手側の箱におもちゃをよく見せながら入れます。

Flow4
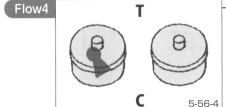
5-56-4
反利き手側の箱に、ふたをします。

できるようになったら

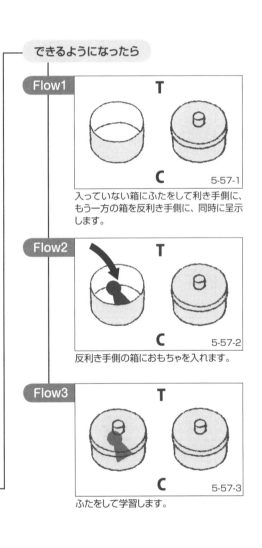

Flow1
5-57-1
入っていない箱にふたをして利き手側に、もう一方の箱を反利き手側に、同時に呈示します。

Flow2
5-57-2
反利き手側の箱におもちゃを入れます。

Flow3
5-57-3
ふたをして学習します。

4 学習の方法　第4段階　ふたのある箱二つ

② 箱を順に呈示・
おもちゃを入れてから箱を呈示

Flow1

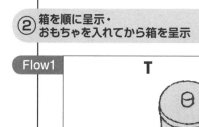

5-58-1

入っていない箱にふたをして、利き手側に呈示します。

Flow2

もう一方の箱におもちゃを入れてから反利き手側に呈示して、おもちゃをよく見せます。

Flow3

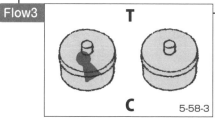

5-58-3

反利き手側の箱に、ふたをします。

できるようになったら

Flow1

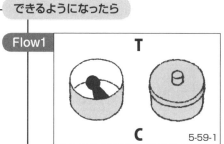

5-59-1

入っていない箱にふたをして利き手側に、おもちゃが入っているもう一方の箱を反利き手側に、同時に呈示します。

Flow2

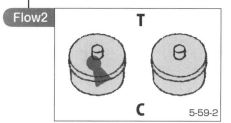

5-59-2

反利き手側の箱にふたをして学習します。

183

第5章 どちらの箱に入っているか 見比べる・見分ける学習

Step4 反利き手側 先出し・先にふた

反利き手側に呈示した、おもちゃが入っている箱に、先にふたをします。

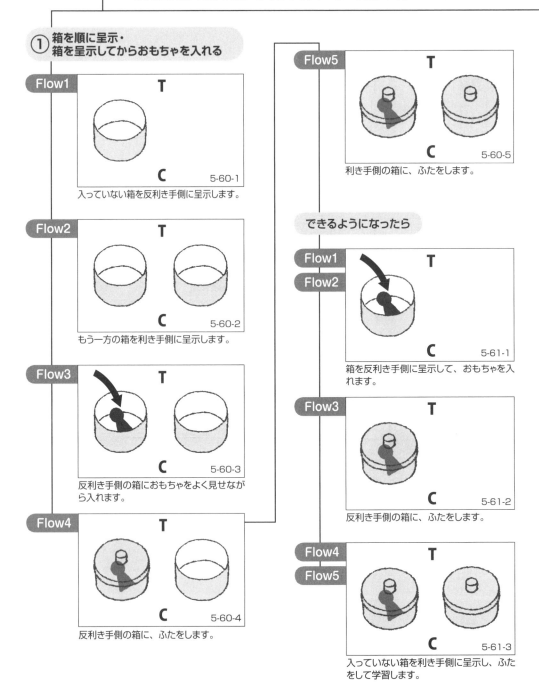

① 箱を順に呈示・箱を呈示してからおもちゃを入れる

Flow1 (5-60-1) 入っていない箱を反利き手側に呈示します。

Flow2 (5-60-2) もう一方の箱を利き手側に呈示します。

Flow3 (5-60-3) 反利き手側の箱におもちゃをよく見せながら入れます。

Flow4 (5-60-4) 反利き手側の箱に、ふたをします。

Flow5 (5-60-5) 利き手側の箱に、ふたをします。

できるようになったら

Flow1・Flow2 (5-61-1) 箱を反利き手側に呈示して、おもちゃを入れます。

Flow3 (5-61-2) 反利き手側の箱に、ふたをします。

Flow4・Flow5 (5-61-3) 入っていない箱を利き手側に呈示し、ふたをして学習します。

4 学習の方法　第4段階　ふたのある箱二つ

② 箱を順に呈示・
おもちゃを入れてから箱を呈示

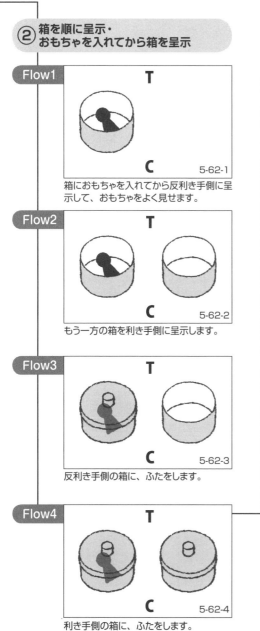

Flow1　5-62-1
箱におもちゃを入れてから反利き手側に呈示して、おもちゃをよく見せます。

Flow2　5-62-2
もう一方の箱を利き手側に呈示します。

Flow3　5-62-3
反利き手側の箱に、ふたをします。

Flow4　5-62-4
利き手側の箱に、ふたをします。

できるようになったら

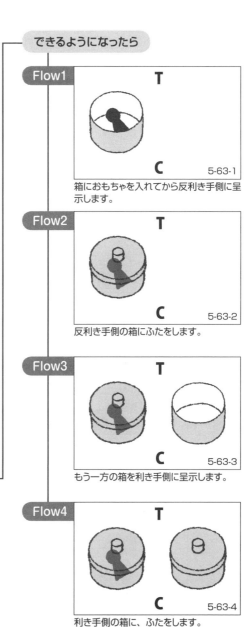

Flow1　5-63-1
箱におもちゃを入れてから反利き手側に呈示します。

Flow2　5-63-2
反利き手側の箱にふたをします。

Flow3　5-63-3
もう一方の箱を利き手側に呈示します。

Flow4　5-63-4
利き手側の箱に、ふたをします。

第5章 どちらの箱に入っているか 見比べる・見分ける学習

第4段階　　第2ステージ：箱を同時に呈示・順にふた

Step1　利き手側　後出し・後からふた

利き手側に呈示した、おもちゃが入っている箱に、後からふたをします。

① 箱を同時に呈示・
箱を呈示してからおもちゃを入れる

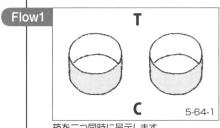

Flow1
箱を二つ同時に呈示します。

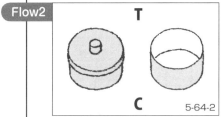

Flow2
反利き手側の箱に、ふたをします。

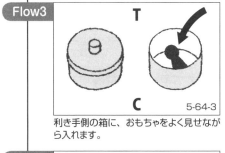

Flow3
利き手側の箱に、おもちゃをよく見せながら入れます。

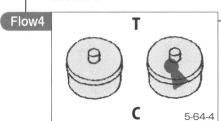

Flow4
利き手側の箱に、ふたをします。

できるようになったら

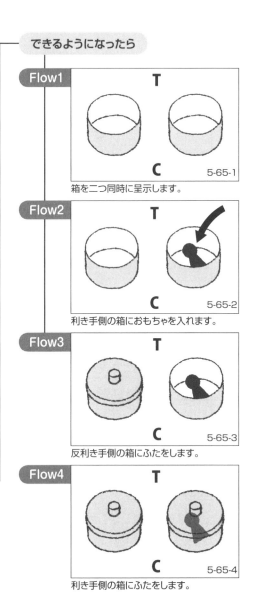

Flow1
箱を二つ同時に呈示します。

Flow2
利き手側の箱におもちゃを入れます。

Flow3
反利き手側の箱にふたをします。

Flow4
利き手側の箱にふたをします。

② 箱を同時に呈示・おもちゃを入れてから箱を呈示

Flow1

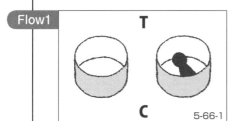

5-66-1

おもちゃの入っている箱をよく見せながら利き手側に、入っていない箱を反利き手側に、同時に呈示します。

Flow2

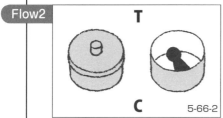

5-66-2

反利き手側の箱に、ふたをします。

Flow3

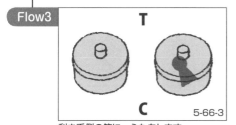

5-66-3

利き手側の箱に、ふたをします。

利き手側の箱にふた

第5章 どちらの箱に入っているか 見比べる・見分ける学習

> **Step2** 利き手側 先出し・先にふた

利き手側に呈示した、おもちゃが入っている箱に、先にふたをします。

① 箱を同時に呈示・
箱を呈示してからおもちゃを入れる

Flow1

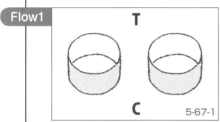
5-67-1

箱を二つ同時に呈示します。

Flow2

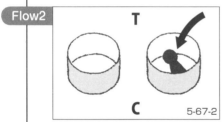
5-67-2

利き手側の箱に、おもちゃをよく見せながら入れます。

Flow3

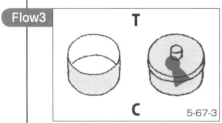
5-67-3

利き手側の箱に、ふたをします。

Flow4

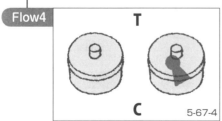
5-67-4

反利き手側の箱に、ふたをします。

② 箱を同時に呈示・
おもちゃを入れてから箱を呈示

Flow1

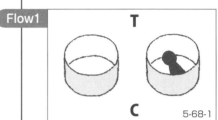
5-68-1

おもちゃの入っている箱をよく見せながら利き手側に、入っていない箱を反利き手側に、同時に呈示します。

Flow2

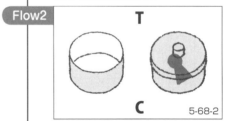
5-68-2

利き手側の箱に、ふたをします。

Flow3

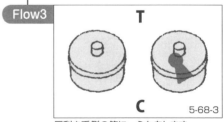
5-68-3

反利き手側の箱に、ふたをします。

4 学習の方法　第4段階　ふたのある箱二つ

Step3　反利き手側　後出し・後からふた

反利き手側に呈示した、おもちゃが入っている箱に、後からふたをします。

① 箱を同時に呈示・箱を呈示してからおもちゃを入れる

Flow1

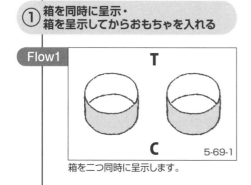

5-69-1
箱を二つ同時に呈示します。

Flow2

5-69-2
利き手側の箱に、ふたをします。

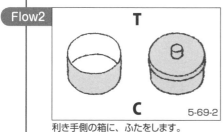

Flow3

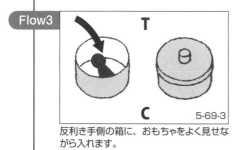

5-69-3
反利き手側の箱に、おもちゃをよく見せながら入れます。

Flow4

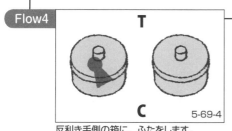

5-69-4
反利き手側の箱に、ふたをします。

できるようになったら

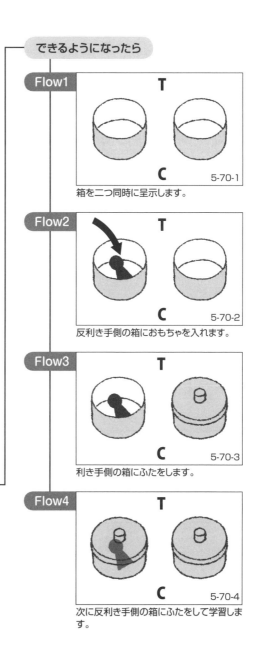

Flow1

5-70-1
箱を二つ同時に呈示します。

Flow2

5-70-2
反利き手側の箱におもちゃを入れます。

Flow3

5-70-3
利き手側の箱にふたをします。

Flow4

5-70-4
次に反利き手側の箱にふたをして学習します。

第5章 どちらの箱に入っているか　見比べる・見分ける学習

② 箱を同時に呈示・おもちゃを入れてから箱を呈示

Flow1
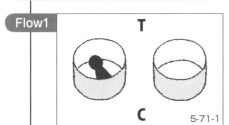
5-71-1
おもちゃの入っている箱をよく見せながら反利き手側に、入っていない箱を利き手側に、同時に呈示します。

Flow2
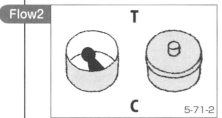
5-71-2
利き手側の箱に、ふたをします。

Flow3
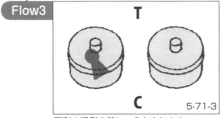
5-71-3
反利き手側の箱に、ふたをします。

4 学習の方法　第4段階　ふたのある箱二つ

Step4　反利き手側　先出し・先にふた

反利き手側に呈示した、おもちゃが入っている箱に、先にふたをします。

① 箱を同時に呈示・箱を呈示してからおもちゃを入れる

Flow1

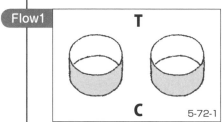

5-72-1

箱を二つ同時に呈示します。

Flow2

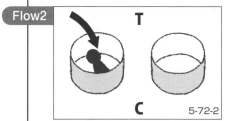

5-72-2

反利き手側の箱に、おもちゃをよく見せながら入れます。

Flow3

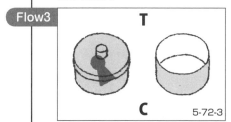

5-72-3

反利き手側の箱に、ふたをします。

Flow4

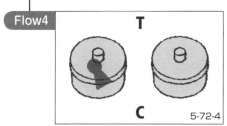

5-72-4

利き手側の箱に、ふたをします。

② 箱を同時に呈示・おもちゃを入れてから箱を呈示

Flow1

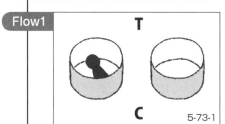

5-73-1

おもちゃの入っている箱をよく見せながら反利き手側に、入っていない箱を利き手側に、同時に呈示します。

Flow2

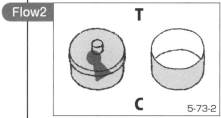

5-73-2

反利き手側の箱に、ふたをします。

Flow3

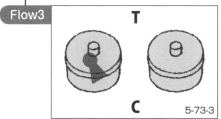

5-73-3

利き手側の箱に、ふたをします。

第5章 どちらの箱に入っているか 見比べる・見分ける学習

第4段階 　**第3ステージ：箱を順に呈示・同時にふた**

Step1 　利き手側　後出し・同時にふた

おもちゃが入っている箱を、利き手側に後から呈示して、同時にふたをします。

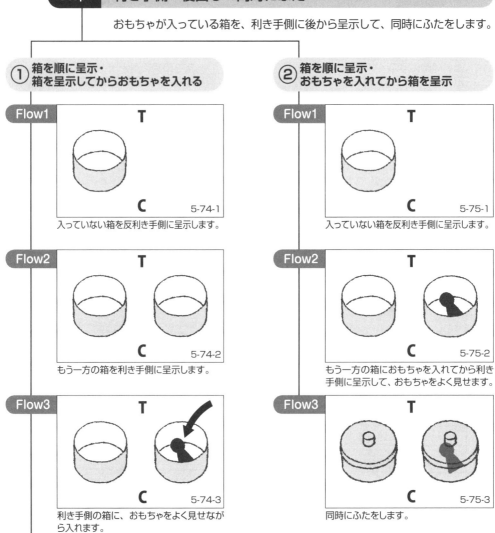

① 箱を順に呈示・箱を呈示してからおもちゃを入れる

Flow1　5-74-1
入っていない箱を反利き手側に呈示します。

Flow2　5-74-2
もう一方の箱を利き手側に呈示します。

Flow3　5-74-3
利き手側の箱に、おもちゃをよく見せながら入れます。

Flow4　5-74-4
同時にふたをします。

② 箱を順に呈示・おもちゃを入れてから箱を呈示

Flow1　5-75-1
入っていない箱を反利き手側に呈示します。

Flow2　5-75-2
もう一方の箱におもちゃを入れてから利き手側に呈示して、おもちゃをよく見せます。

Flow3　5-75-3
同時にふたをします。

4 学習の方法　第4段階 ふたのある箱二つ

Step2　利き手側　先出し・同時にふた

おもちゃが入っている箱を、利き手側に先に呈示して、同時にふたをします。

① 箱を順に呈示・箱を呈示してからおもちゃを入れる

Flow1

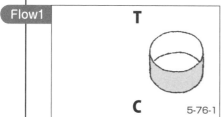

5-76-1
入っていない箱を利き手側に呈示します。

Flow2

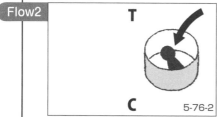

5-76-2
利き手側の箱に、おもちゃをよく見せながら入れます。

Flow3

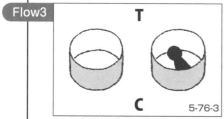

5-76-3
もう一方の箱を反利き手側に呈示します。

Flow4

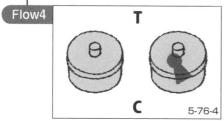

5-76-4
同時にふたをします。

② 箱を順に呈示・おもちゃを入れてから箱を呈示

Flow1

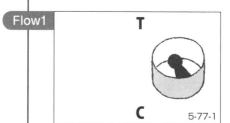

5-77-1
箱におもちゃを入れてから利き手側に呈示して、おもちゃをよく見せます。

Flow2

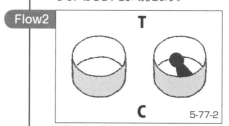

5-77-2
もう一方の箱を反利き手側に呈示します。

Flow3

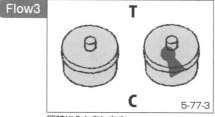

5-77-3
同時にふたをします。

第5章 どちらの箱に入っているか　見比べる・見分ける学習

> **Step3** 反利き手側　後出し・同時にふた

おもちゃが入っている箱を、反利き手側に後から呈示して、同時にふたをします。

① 箱を順に呈示・
箱を呈示してからおもちゃを入れる

Flow1

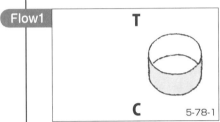

5-78-1

入っていない箱を利き手側に呈示します。

Flow2

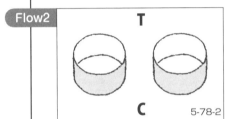

5-78-2

もう一方の箱を反利き手側に呈示します。

Flow3

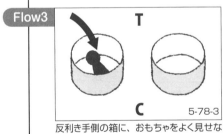

5-78-3

反利き手側の箱に、おもちゃをよく見せながら入れます。

Flow4

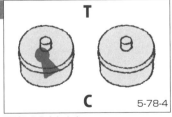

5-78-4

同時にふたをします。

② 箱を順に呈示・
おもちゃを入れてから箱を呈示

Flow1

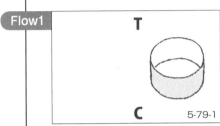

5-79-1

入っていない箱を利き手側に呈示します。

Flow2

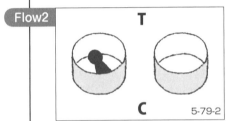

5-79-2

もう一方の箱におもちゃを入れてから反利き手側に呈示して、おもちゃをよく見せます。

Flow3

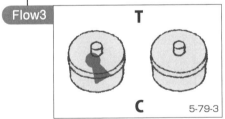

5-79-3

同時にふたをします。

4 学習の方法　第4段階 ふたのある箱二つ

Step4　反利き手側　先出し・同時にふた

おもちゃが入っている箱を、反利き手側に先に呈示して、同時にふたをします。

① 箱を順に呈示・箱を呈示してからおもちゃを入れる

Flow1

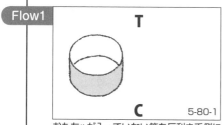

おもちゃが入っていない箱を反利き手側に呈示します。

Flow2

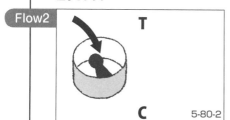

反利き手側の箱に、おもちゃをよく見せながら入れます。

Flow3

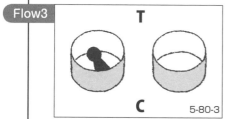

もう一方の箱を利き手側に呈示します。

Flow4

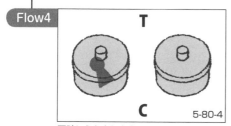

同時にふたをします。

② 箱を順に呈示・おもちゃを入れてから箱を呈示

Flow1

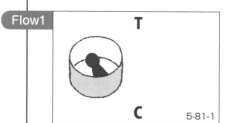

箱におもちゃを入れてから反利き手側に呈示して、おもちゃをよく見せます。

Flow2

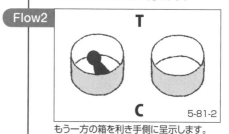

もう一方の箱を利き手側に呈示します。

Flow3

同時にふたをします。

195

第5章 どちらの箱に入っているか 見比べる・見分ける学習

| 第4段階 | 第4ステージ：箱を同時に呈示・同時にふた |

Step1　利き手側・同時にふた

おもちゃが入っている箱を利き手側に、もう一方の箱を反利き手側に、同時に呈示します。続いて、同時にふたをします。

① 箱を同時に呈示・箱を呈示してからおもちゃを入れる

Flow1

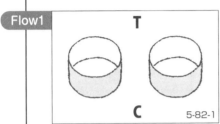

5-82-1

箱を二つ同時に呈示します。

Flow2

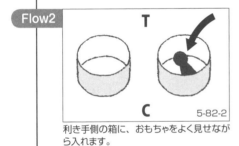

5-82-2

利き手側の箱に、おもちゃをよく見せながら入れます。

Flow3

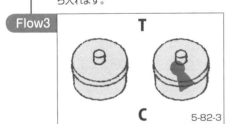

5-82-3

同時にふたをします。

② 箱を同時に呈示・おもちゃを入れてから箱を呈示

Flow1

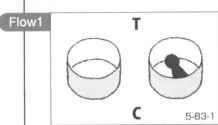

5-83-1

おもちゃの入っている箱をよく見せながら利き手側に、入っていない箱を反利き手側に、同時に呈示します。

Flow2

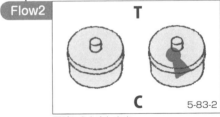

5-83-2

同時にふたをします。

4 学習の方法　第4段階　ふたのある箱二つ

Step2　反利き手側・同時にふた

おもちゃが入っている箱を反利き手側に、もう一方の箱を利き手側に、同時に呈示します。続いて、同時にふたをします。

① 箱を同時に呈示・箱を呈示してからおもちゃを入れる

Flow1

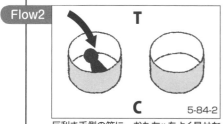

5-84-1
箱を二つ同時に呈示します。

Flow2

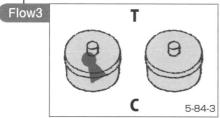

5-84-2
反利き手側の箱に、おもちゃをよく見せながら入れます。

Flow3

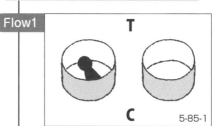

5-84-3
同時にふたをします。

② 箱を同時に呈示・おもちゃを入れてから箱を呈示

Flow1

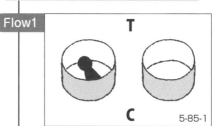

5-85-1
おもちゃの入っている箱をよく見せながら反利き手側に、入っていない箱を利き手側に、同時に呈示します。

Flow2

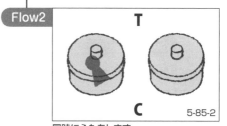

5-85-2
同時にふたをします。

Point　Stepの組み方

- 第4段階 の第1ステージ～第4ステージのStepは子どもの実態に応じて組み替えます。「利き手側　先出し」よりも「反利き手側　後出し」のほうがやさしいことがあります。
- 必要なStepを選んで学習してもよいでしょう。

第5章 どちらの箱に入っているか 見比べる・見分ける学習

第5段階 ふたのある箱二つ・片方の箱の移動

ふたのある箱二つを呈示して、片方の箱を移動して学習します。

移動の仕方には、前まわりと後ろまわりがあります。

前まわりは、動かさない箱の手前（子どもに近い側）を移動します。

後ろまわりは、動かさない箱の向こう（子どもから遠い側）を移動します。

学習は次のように分けられます。

第1ステージ：おもちゃが入っている箱の移動

第2ステージ：おもちゃが入っていない箱の移動

※以後、最後のFlow番号の図は、移動した後の図を示す。また、矢印の ➡ は、おもちゃの入っている箱のまわり方、➡ は、おもちゃの入っていない箱のまわり方を示す。

第5段階	第1ステージ：おもちゃが入っている箱の移動

Step1	前まわり

おもちゃが入っている箱を前まわりで移動します。

① 箱を同時に呈示・
反利き手側から利き手側へ移動・
箱を呈示してからおもちゃを入れる

Flow1

T

C

5-86-1

箱を二つ同時に呈示します。

Flow2

T

C

5-86-2

反利き手側の箱に、おもちゃをよく見せながら入れます。

Flow3

T

C

5-86-3

同時にふたをします。

Flow4

T

C

5-86-4

おもちゃが入っている箱を、前まわりで、入っていない箱の利き手側に移動します。

198

4 学習の方法　第5段階　ふたのある箱二つ・片方の箱の移動

② 箱を同時に呈示・
反利き手側から利き手側へ移動・
おもちゃを入れてから箱を呈示

Flow1

5-87-1

おもちゃの入っている箱をよく見せながら反利き手側に、入っていない箱を利き手側に、同時に呈示します。

Flow2

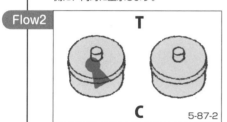

5-87-2

同時にふたをします。

Flow3

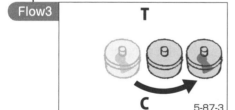

5-87-3

おもちゃが入っている箱を、前まわりで、入っていない箱の利き手側に移動します。

③ 箱を同時に呈示・
利き手側から反利き手側へ移動・
箱を呈示してからおもちゃを入れる

Flow1

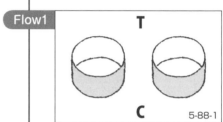

5-88-1

箱を二つ同時に呈示します。

Flow2

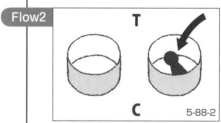

5-88-2

利き手側の箱に、おもちゃをよく見せながら入れます。

Flow3

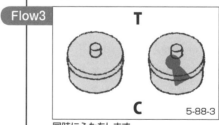

5-88-3

同時にふたをします。

Flow4

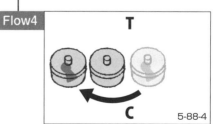

5-88-4

おもちゃが入っている箱を、前まわりで、入っていない箱の反利き手側に移動します。

第5章 どちらの箱に入っているか 見比べる・見分ける学習

④ 箱を同時に呈示・利き手側から反利き手側へ移動・おもちゃを入れてから箱を呈示

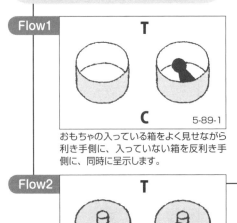

Flow1　おもちゃの入っている箱をよく見せながら利き手側に、入っていない箱を反利き手側に、同時に呈示します。

Flow2　同時にふたをします。

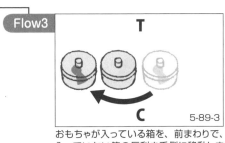

Flow3　おもちゃが入っている箱を、前まわりで、入っていない箱の反利き手側に移動します。

まちがえさせないポイント

・箱の中にハンカチを入れて少し見えるようにしたり、音の出るもの（ぜんまい仕掛けのおもちゃ、すずなど）を入れたりします。

・できないときは、おもちゃが入っている箱に後からふたをする→先にふたをする→二つの箱に同時にふたをする、と学習を進めましょう。箱を移動して行う学習の初期においては、反利き手側から前まわりで利き手側に移動するとき、二つの箱を反利き手側に寄せて呈示します。おもちゃが入っている箱を移動して利き手の前に呈示できるようにすると、正しく取ることができます。（図5-90）

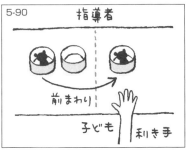

おもちゃが入っている箱のほうが、入っていない箱よりも利き手に近いため、取りやすい。

- 利き手側から前まわりで反利き手側に移動するとき、二つの箱を利き手側に寄せて呈示します。（図5-91）
おもちゃが入っている箱を移動して利き手に近い位置に呈示できるようにすると、誤反応を少なくすることができます。

- 呈示位置を少しずつ中央に寄せていき、真ん中に呈示してもできるようにします。

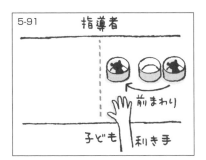

視覚認知を高めるポイント

- 箱を移動するときは、追視ができるように、箱を動かす速さに配慮しましょう。
移動している箱から視線がそれたら、そこで箱を止めて、ポインティングして視線を誘導します。そして箱に視線が戻ったら再び移動します。

- 箱を動かす手が、子どもの追視する視線を妨げないように留意しましょう。

- おもちゃが入っている箱を移動するとき、移動の軌跡を、動かない箱を中心とした半円で考えます。途中で止めて学習する方法があります。

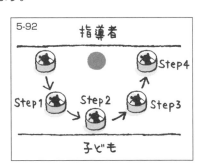

例「前まわりで、反利き手側から利き手側に移動するとき、軌跡の1/4ずつで止める場合」

Step1 半円の45度の位置で箱を止めて、おもちゃを取る。
Step2 半円の90度の位置で箱を止めて、おもちゃを取る。
Step3 半円の135度の位置で箱を止めて、おもちゃを取る。
Step4 半円の180度の位置で箱を止めて、おもちゃを取る。（図5-92）

おもちゃが入っている箱を止める位置や回数は子どもの実態に応じて考えましょう。

第5章 どちらの箱に入っているか 見比べる・見分ける学習

> **Point** 移動した後の、おもちゃが入っている箱の位置による難易度
> ●箱の移動が終わったとき、おもちゃが入っている箱が利き手側にあるほうがやさしく、反利き手側にあるほうが難しいです。

Step2 後ろまわり

おもちゃが入っている箱を後ろまわりで移動します。

① 箱を同時に呈示・反利き手側から利き手側へ移動・箱を呈示してからおもちゃを入れる

Flow1
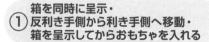
箱を二つ同時に呈示します。

Flow2
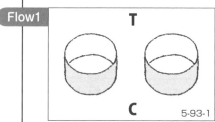
反利き手側の箱に、おもちゃをよく見せながら入れます。

Flow3
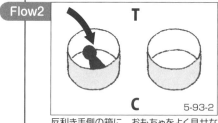
同時にふたをします。

Flow4
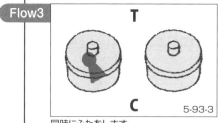
おもちゃが入っている箱を、後ろまわりで、入っていない箱の利き手側に移動します。

② 箱を同時に呈示・反利き手側から利き手側へ移動・おもちゃを入れてから箱を呈示

Flow1
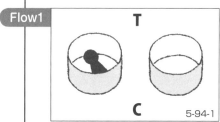
おもちゃの入っている箱をよく見せながら反利き手側に、入っていない箱を利き手側に、同時に呈示します。

Flow2
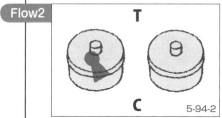
同時にふたをします。

Flow3
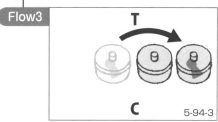
おもちゃが入っている箱を、後ろまわりで、入っていない箱の利き手側に移動します。

4 学習の方法　第5段階　ふたのある箱二つ・片方の箱の移動

Point　前まわりと後ろまわりの違い
- 前まわりは、箱の移動が近くに見えて追視しやすく、手を伸ばしやすいです。おもちゃを取るのがやさしくなります。
- 後ろまわりは、箱の移動が遠くに見えて追視しにくくなり、手を伸ばしにくいです。前まわりに比べて、おもちゃを取るのが難しくなります。特に、入っていない箱の後ろ側に来たとき、近いほうの箱に視線が移り、誤反応を引き起こすことが多く見られます。

---

③ 箱を同時に呈示・利き手側から反利き手側へ移動・箱を呈示してからおもちゃを入れる

Flow1

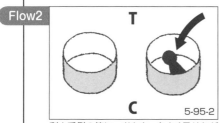

5-95-1
箱を二つ同時に呈示します。

Flow2

5-95-2
利き手側の箱に、おもちゃをよく見せながら入れます。

Flow3

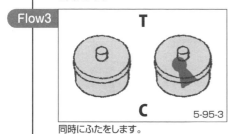

5-95-3
同時にふたをします。

Flow4

5-95-4
おもちゃが入っている箱を、後ろまわりで、入っていない箱の反利き手側に移動します。

④ 箱を同時に呈示・利き手側から反利き手側へ移動・おもちゃを入れてから箱を呈示

Flow1

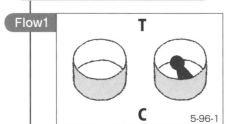

5-96-1
おもちゃの入っている箱をよく見せながら利き手側に、入っていない箱を反利き手側に、同時に呈示します。

Flow2

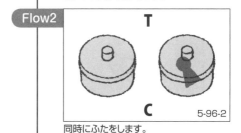

5-96-2
同時にふたをします。

Flow3

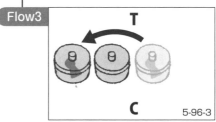

5-96-3
おもちゃが入っている箱を、後ろまわりで、入っていない箱の反利き手側に移動します。

第5章 どちらの箱に入っているか　見比べる・見分ける学習

| 第5段階 | 第2ステージ：おもちゃが入っていない箱の移動 |

| Step1 | 前まわり |

おもちゃが入っていない箱を前まわりで移動します。

① 箱を同時に呈示・利き手側から反利き手側へ移動・箱を呈示してからおもちゃを入れる

Flow1
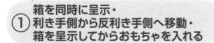
箱を二つ同時に呈示します。

Flow2
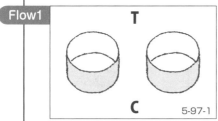
反利き手側の箱に、おもちゃをよく見せながら入れます。

Flow3
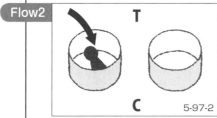
同時にふたをします。

Flow4
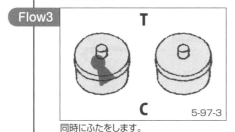
おもちゃが入っていない箱を、前まわりで、入っている箱の反利き手側に移動します。

② 箱を同時に呈示・利き手側から反利き手側へ移動・おもちゃを入れてから箱を呈示

Flow1
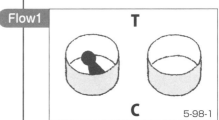
おもちゃの入っている箱をよく見せながら反利き手側に、入っていない箱を利き手側に、同時に呈示します。

Flow2
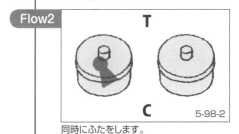
同時にふたをします。

Flow3
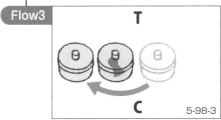
おもちゃが入っていない箱を、前まわりで、入っている箱の反利き手側に移動します。

204

4 学習の方法　第5段階 ふたのある箱二つ・片方の箱の移動

> **まちがえさせないポイント**
>
> おもちゃが入っていない箱を移動して行う学習は、おもちゃが入っている箱を移動するよりも難しいです。入っていない箱を追視するので、入っている箱に視線を移さないで、そのまま入っていない箱のふたを取ってしまう、という誤反応を引き起こしやすいです。
> まちがえさせない工夫として200ページの　**まちがえさせないポイント**　を応用するとよいでしょう。

③ 箱を同時に呈示・反利き手側から利き手側へ移動・箱を呈示してからおもちゃを入れる

Flow1

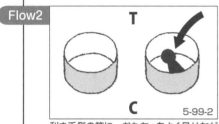

5-99-1

箱を二つ同時に呈示します。

Flow2

5-99-2

利き手側の箱に、おもちゃをよく見せながら入れます。

Flow3

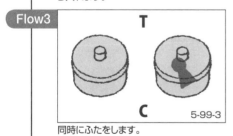

5-99-3

同時にふたをします。

Flow4

5-99-4

おもちゃが入っていない箱を、前まわりで、入っている箱の利き手側に移動します。

④ 箱を同時に呈示・反利き手側から利き手側へ移動・おもちゃを入れてから箱を呈示

Flow1

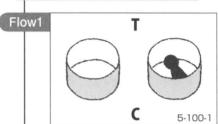

5-100-1

おもちゃの入っている箱をよく見せながら利き手側に、入っていない箱を反利き手側に、同時に呈示します。

Flow2

5-100-2

同時にふたをします。

Flow3

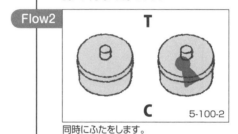

5-100-3

おもちゃが入っていない箱を、前まわりで、入っている箱の利き手側に移動します。

第5章 どちらの箱に入っているか　見比べる・見分ける学習

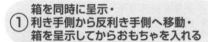

Step2　後ろまわり

おもちゃが入っていない箱を後ろまわりで移動します。

① 箱を同時に呈示・利き手側から反利き手側へ移動・箱を呈示してからおもちゃを入れる

Flow1
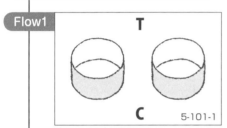
5-101-1
箱を二つ同時に呈示します。

Flow2
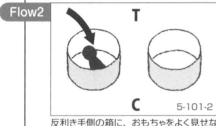
5-101-2
反利き手側の箱に、おもちゃをよく見せながら入れます。

Flow3
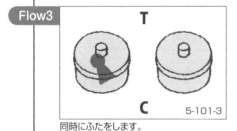
5-101-3
同時にふたをします。

Flow4
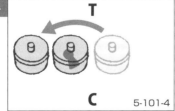
5-101-4
おもちゃが入っていない箱を、後ろまわりで、入っている箱の反利き手側に移動します。

② 箱を同時に呈示・利き手側から反利き手側へ移動・おもちゃを入れてから箱を呈示

Flow1
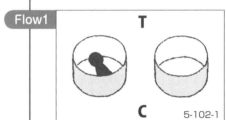
5-102-1
おもちゃの入っている箱をよく見せながら反利き手側に、入っていない箱を利き手側に、同時に呈示します。

Flow2
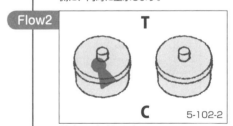
5-102-2
同時にふたをします。

Flow3
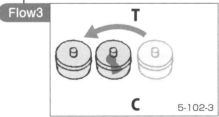
5-102-3
おもちゃが入っていない箱を、後ろまわりで、入っている箱の反利き手側に移動します。

4 学習の方法 第5段階 ふたのある箱二つ・片方の箱の移動

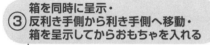
③ 箱を同時に呈示・
反利き手側から利き手側へ移動・
箱を呈示してからおもちゃを入れる

Flow1
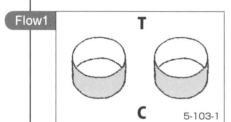
5-103-1
箱を二つ同時に呈示します。

Flow2
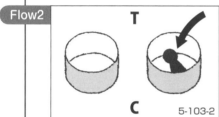
5-103-2
利き手側の箱に、おもちゃをよく見せながら入れます。

Flow3
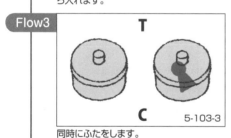
5-103-3
同時にふたをします。

Flow4
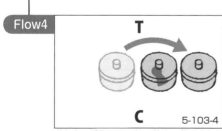
5-103-4
おもちゃが入っていない箱を、後ろまわりで、入っている箱の利き手側に移動します。

④ 箱を同時に呈示・
反利き手側から利き手側へ移動・
おもちゃを入れてから箱を呈示

Flow1
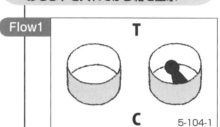
5-104-1
おもちゃの入っている箱をよく見せながら利き手側に、入っていない箱を反利き手側に、同時に呈示します。

Flow2
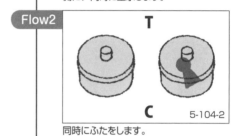
5-104-2
同時にふたをします。

Flow3

5-104-3
おもちゃが入っていない箱を、後ろまわりで、入っている箱の利き手側に移動します。

※おもちゃが入っていない箱のふたにどうしても触れてしまうときは、このStepを省略して次の課題に移行したほうがよいでしょう。

第5章 どちらの箱に入っているか　見比べる・見分ける学習

第6段階　ふたのある箱二つ・両方の箱の移動

ふたのある箱二つを呈示して、両方の箱を同時に移動して学習します。

学習は次のように分けられます。

第1ステージ：おもちゃが入っている箱を前まわりで移動

第2ステージ：おもちゃが入っている箱を後ろまわりで移動

※以後、最後のFlow番号の図は、移動した後の図を示す。また、矢印の ➡ は、おもちゃの入っている箱のまわり方、➡ は、おもちゃの入っていない箱のまわり方を示す。

第6段階　第1ステージ：おもちゃが入っている箱を前まわりで移動

おもちゃが入っている箱を前まわりで、おもちゃが入っていない箱を後ろまわりで同時に移動します。

Step1　反利き手側から利き手側へ移動

おもちゃが入っている箱を前まわりで、反利き手側から利き手側へ移動します。

① 箱を同時に呈示・箱を呈示してからおもちゃを入れる

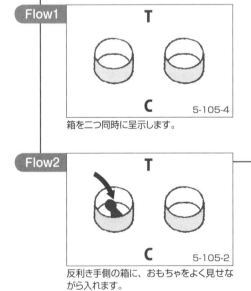

Flow1　箱を二つ同時に呈示します。　5-105-4

Flow2　反利き手側の箱に、おもちゃをよく見せながら入れます。　5-105-2

Flow3　同時にふたをします。　5-105-3

Flow4　おもちゃが入っている箱を前まわりで、入っていない箱を後ろまわりで移動し、左右を入れ替えます。　5-105-4

4 学習の方法　第6段階 ふたのある箱二つ・両方の箱の移動

> **まちがえさせないポイント**
>
> おもちゃが入っている箱を前まわりで、おもちゃが入っていない箱を後ろまわりで移動して行う学習は、両方の箱が移動するので追視が難しくなります。
> まちがえさせない工夫として、200ページの **まちがえさせないポイント** を応用するとよいでしょう。

② 箱を同時に呈示・
　おもちゃを入れてから箱を呈示

Flow1

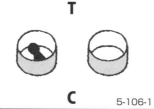

5-106-1

おもちゃの入っている箱をよく見せながら反利き手側に、入っていない箱を利き手側に、同時に呈示します。

Flow2

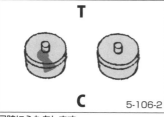

5-106-2

同時にふたをします。

Flow3

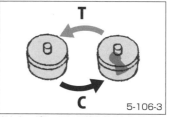

5-106-3

おもちゃが入っている箱を前まわりで、入っていない箱を後ろまわりで移動し、左右を入れ替えます。

第5章 どちらの箱に入っているか 見比べる・見分ける学習

> **視覚認知を高めるポイント**
> ・視覚認知を高める工夫として、201ページの 視覚認知を高めるポイント を応用するとよいでしょう。
> ・移動する手で箱が隠れて、見えにくくなることがあります。見えやすく、わかりやすい学習の工夫として、テレビ台等の小型のターンテーブルを利用する方法もあります。

Step2 利き手側から反利き手側へ移動

おもちゃが入っている箱を前まわりで利き手側から反利き手側へ移動します。

① 箱を同時に呈示・箱を呈示してからおもちゃを入れる

Flow1

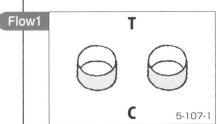

5-107-1
箱を二つ同時に呈示します。

Flow2

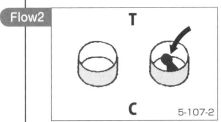

5-107-2
利き手側の箱に、おもちゃをよく見せながら入れます。

Flow3

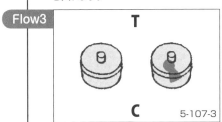

5-107-3
同時にふたをします。

Flow4

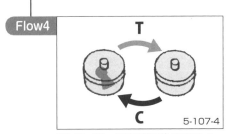

5-107-4
おもちゃが入っている箱を前まわりで、入っていない箱を後ろまわりで移動し、左右を入れ替えます。

② 箱を同時に呈示・おもちゃを入れてから箱を呈示

Flow1

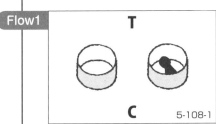

5-108-1
おもちゃの入っている箱をよく見せながら利き手側に、入っていない箱を反利き手側に、同時に呈示します。

Flow2

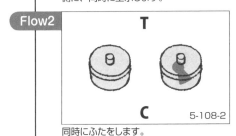

5-108-2
同時にふたをします。

Flow3

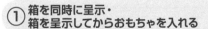

5-108-3
おもちゃが入っている箱を前まわりで、入っていない箱を後ろまわりで移動し、左右を入れ替えます。

| 第6段階 | 第2ステージ：おもちゃが入っている箱を後ろまわりで移動 |

おもちゃが入っている箱を後ろまわりで、おもちゃが入っていない箱を前まわりで同時に移動します。

Step1 反利き手側から利き手側へ移動

おもちゃが入っている箱を後ろまわりで、反利き手側から利き手側へ移動します。

① 箱を同時に呈示・箱を呈示してからおもちゃを入れる

Flow1
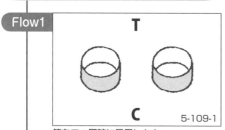
箱を二つ同時に呈示します。

Flow2
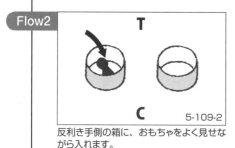
反利き手側の箱に、おもちゃをよく見せながら入れます。

Flow3
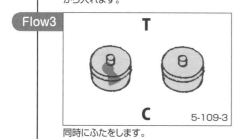
同時にふたをします。

Flow4

おもちゃが入っている箱を後ろまわりで、入っていない箱を前まわりで移動し、左右を入れ替えます。

② 箱を同時に呈示・おもちゃを入れてから箱を呈示

Flow1
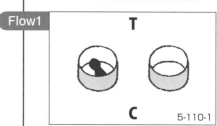
おもちゃの入っている箱をよく見せながら反利き手側に、入っていない箱を利き手側に、同時に呈示します。

Flow2
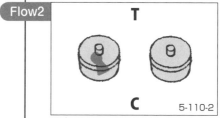
同時にふたをします。

Flow3
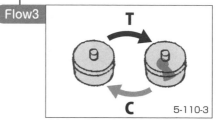
おもちゃが入っている箱を後ろまわりで、入っていない箱を前まわりで移動し、左右を入れ替えます。

第 5 章 どちらの箱に入っているか 見比べる・見分ける学習

Step2 利き手側から反利き手側へ移動

おもちゃが入っている箱を後ろまわりで、利き手側から反利き手側へ移動します。

① 箱を同時に呈示・
箱を呈示してからおもちゃを入れる

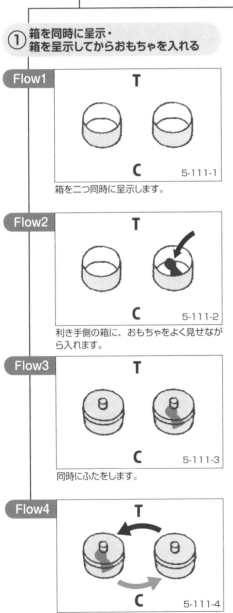

Flow1　5-111-1
箱を二つ同時に呈示します。

Flow2　5-111-2
利き手側の箱に、おもちゃをよく見せながら入れます。

Flow3　5-111-3
同時にふたをします。

Flow4　5-111-4
おもちゃが入っている箱を後ろまわりで、入っていない箱を前まわりで移動し、左右を入れ替えます。

② 箱を同時に呈示・
おもちゃを入れてから箱を呈示

Flow1
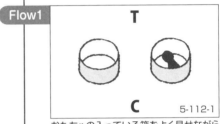
5-112-1
おもちゃの入っている箱をよく見せながら利き手側に、入っていない箱を反利き手側に、同時に呈示します。

Flow2
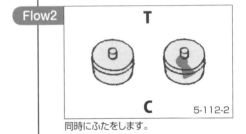
5-112-2
同時にふたをします。

Flow3
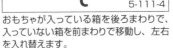
5-112-3
おもちゃが入っている箱を後ろまわりで、入っていない箱を前まわりで移動し、左右を入れ替えます。

4 学習の方法　第6段階　ふたのある箱二つ・両方の箱の移動

> **まちがえさせないポイント**
>
> ・「おもちゃが入っている箱を前まわりで、入っていない箱を後ろまわりで移動する学習」のほうが、「おもちゃが入っている箱を後ろまわりで、入っていない箱を前まわりで移動する学習」よりもやさしいです。
>
> ・二つの箱の移動が終わったとき、おもちゃが入っている箱が利き手側にあるほうがやさしく、反利き手側にあるほうが難しいです。
>
> ・後ろまわりは、箱の移動が遠くに見えて追視しにくくなり、手を伸ばしにくいため、おもちゃを取るのが難しくなります。特に、入っていない箱の後ろ側にきたとき、近いほうの箱に視線が移り、誤反応を引き起こすことが多く見られます。
>
> ・できるようになるための工夫として200・201ページの　**まちがえさせないポイント**　**視覚認知を高めるポイント**　を応用するとよいでしょう。

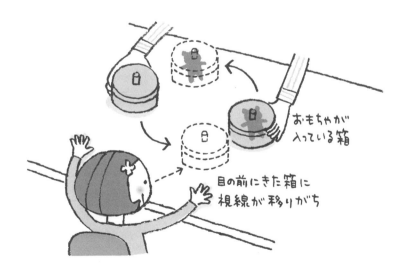

やってみましょう

(1) 作りましょう（教具の作成）

教具は、子どもに適したものが望ましいです。年齢・手の大きさなど、一人ひとりに合ったものを準備しましょう。

1. 箱

形状、大きさ、深さ、重さ、材質、色などについて十分に検討します。箱は、子どもが好きなおもちゃが入る大きさにします。大きすぎたり小さすぎたりしないよう、また、深すぎたり、浅すぎたりしないように、入れるおもちゃに合った大きさにします。形状は、底面全体が机上面と接していて安定感のあるものにします。足がついているものや、お椀状のものは不安定で、取ろうとしたときに動くことがあります。「❷ 教材・教具について」(149ページ) を参照。

2. ふた

ふたについても、子どもの実態に応じて検討します。
箱とふたの関係には、次のようなものがあります。

①はらって落とすことができる、箱に載っているだけのもの

②ふたのふちが箱にかぶさっていて、動かないようになっているもの

③ふたの裏に桟がついていて、動かないようになっているもの

④落としぶた風になっていて、箱の内側にふた受けの桟がついているもの

⑤箱にちょうつがいなどでふたがついているもの

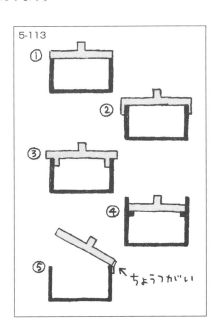

5 やってみましょう

どのようなふたで学習するかは、ふたを取ることへの理解や子どもの手の運動機能を考慮して検討します。

ふたの色を箱と異なる色にすると、違いが明確になり、より見えやすくなります。課題が成立するのであれば、ふたと箱の色は同じ色でもよいでしょう。

3. ふたの取っ手

ふたには取っ手があったほうがよいでしょう。取っ手をつまめないけれど握ることはできる、握れないけれどはらうことはできる、というような子どもの実態に応じて、取っ手の太さや長さ、形状について考慮します。

取っ手の色を、ふたと異なる色にすると、見えやすくなります。課題が成立するのであれば、取っ手とふたの色は同じ色でもよいでしょう。

まるい箱と、手ではらうことができるまるいふたが操作しやすいです。

(2) さあ、始めましょう（方法とことばかけの実際）

1. ふたのある箱一つの場合

ふたのある箱一つの場合の、方法とことばかけについて説明します。

・呈示する前に、子どもの姿勢、手の位置などに留意します。
・箱を呈示する位置は、子どもの実態に応じて、学習面（机上面）のどこがよいか考えます。

Flow1 机上面をすべらせて視線を誘導しながら、箱を呈示します。

Flow2 「ここを見て」といいながら、ふたを取ります。
　※「見て」といって、子どもが見たとき、「見てるね」のことばかけが大切です。
　　このことばかけが視機能の向上につながります。

Flow3 「見てね。入れるよ」といいながら、おもちゃを入れます。
　※入れるところをきちんと見せることが大切です。
　　おもちゃをゆっくり動かして箱に入れ、視線を誘導します。

Flow4 ふたをします。

Flow5 「取ってね」といって子どもに中のおもちゃを取るよう促します。

Flow6　子どもがおもちゃの入っている箱を見たとき、間をおかずに「そうだね、取って」とことばかけをします。
すぐに手が伸びてきたときも同じように、タイミングよく「そうだね、取って」とことばかけをします。

　※初発の反応を見逃さないことが大切です。
　　最初に見たとき・最初に取ろうとして手が動きかけたとき（初発の反応）を見逃さないで、すぐに「そうだね」などのことばかけをします。ただちに「そうだね」などのことばかけをすることが課題を成立させ、学習が定着することにつながります。

Flow7　子どもが手を伸ばしてふたを取ります。そのときすみやかにふたを受け取って撤去します。
手が伸びてこないときは、待たずにすぐに援助して、ふたを取るようにします。

　※利き手でふたを取るようにすることが大切です。反利き手で取ると、箱二つになったとき、右手で右側の、左手で左側のふたを取るようになり、課題が成立しなくなります。
　※すみやかにふたを受け取って撤去することが課題を成立させるうえで大切です。すぐにふたを受け取らないと、ふたで遊んでしまい、箱の中のおもちゃを取るという課題が成立しなくなることがよく見られます。

Flow8　「取ってね」などといって、箱の中のおもちゃを取るように促します。

　※すみやかに援助して、おもちゃを取るようにします。
　　箱を持ったり、引っ張ったりしないように援助することが大切です。

Flow9　子どもが手を伸ばしておもちゃを取ります。
取ろうとしないときは、すぐに援助して、おもちゃを取るようにします。

　※手が伸びてこないときは、おもちゃをポインティングして視線を誘導したり、援助して一緒に取ったりします。
　※利き手でおもちゃなどを取るようにすることが大切です。

Flow10　「よく取れたね」「よくできたね」とほめながら、すぐに箱を撤去します。

Flow11　「ちょうだい」などといって、おもちゃを受け取ります。

2. ふたのある箱二つの場合

方法とことばかけは、（1. ふたのある箱一つの場合）を応用して学習します。

そこで、「ふたのある箱二つの場合」の留意点を説明します。

・箱を順に、あるいは同時に呈示するとき、箱をきちんと見るように工夫します。

・ふたを順に、あるいは同時にするとき、ふたをきちんと見るように工夫します。

・二つの箱は、見えやすく操作しやすい位置と間隔で呈示します。

・おもちゃをよく見せて、ゆっくりと視線を誘導しながら箱の中に入れます。

・おもちゃが入っていない箱とふたには触れさせないようにすることが大切です。入っていない箱のふたを取ったり、反利き手を使ったりすると、よく見ないで取るようになり、課題が成立しなくなります。

・おもちゃの入っている箱を、最初に見たとき・最初に取ろうとして手が動きかけたとき（初発の反応）、入っている箱をポインティングしながら「そうだね」「これだね」といいます。そして、入っていない箱とふたをすみやかに撤去します。

・ことばかけをしないで、おもちゃが入っていない箱とふたを撤去しようとすると、その手の動きに反応して、おもちゃが入っている箱から入っていない箱へ視線が移って、誤反応を引き起こします。
「そうだね」「これだね」などのことばかけをすることが重要です。

・子どもがふたを取ったら、タイミングよく、すぐに、そのふたを受け取ることが大切です。すぐにふたを受け取らないと、そのふたで遊んでしまい、箱の中のおもちゃを取ることを忘れることがあります。

・子どもが箱からおもちゃを取ったら、その箱もすみやかに撤去します。

おもちゃが入っていない箱とふたの撤去のタイミング

①おもちゃが入っている箱を見たとき

②おもちゃが入っている箱に手を伸ばしかけたとき

③おもちゃが入っている箱のふたに触れたとき

④おもちゃが入っている箱のふたを取ったとき

⑤箱からおもちゃを取ったとき

（箱からおもちゃを取ったとき、入っていない箱とふたを撤去すると同時に、おもちゃが入っていた箱も撤去します。おもちゃが入っていた箱のふたは、子どもがふたを取ったとき、すぐに受け取って撤去しておきます）

第5章 どちらの箱に入っているか　見比べる・見分ける学習

こんなときには、どうしたらよいでしょう？

Q1 箱二つを順に呈示するとき、一つめの箱にすぐ手が伸びて触れてしまいます

A

＜手だて1＞ ことばかけをする
最初の箱を呈示するときに、「よく見てね」「まだだよ」などのことばかけをしましょう。

＜手だて2＞ 手の動きを軽く受け止める
ことばかけをしても手が伸びてくるときは、その子どもの手をてのひらで軽く受け止めて、動きを止めます。
このとき、子どもの手を押し返さないようにしましょう。
行動を規制することによって学習に支障があるときは、この手だては用いないほうがよいでしょう。

＜手だて3＞ 遠くへ呈示する
伸びてくる手を軽く止めても一つめの箱のふたを取ろうとするときは、箱を子どもから離して、手が届かないような位置に呈示します。そして、二つめの箱を呈示してから机上面をすべらせて近づけます。

＜手だて4＞ 呈示板を用いる
適切な間隔で二つの箱を呈示できる、細長い板のような呈示板を用います。一つめの箱を呈示したとき、手が伸びてきたら触れないように呈示板を後方へ引きます。二つめの箱を呈示してから呈示板ごと近づけます。

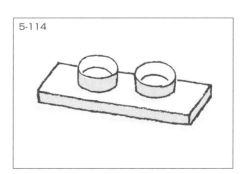
5-114

6 こんなときには、どうしたらよいでしょう？

 箱二つを順に呈示するとき、
一つめの箱は見ますが、二つめの箱は見ません

A　＜手だて１＞　目の高さに呈示する
二つめの箱を呈示するとき、箱を子どもの目の前で振るなどして注目させてみましょう。そして、追視できるようにゆっくり机上に置くようにします。

＜手だて２＞　すべらせて呈示
二つめの箱をよく見るように、机上をすべらせて呈示します。

＜手だて３＞　ポインティングして、視線を誘導
二つめの箱をポインティングして、音を出して視線を誘導します。

＜手だて４＞　よく見るための工夫をする
二つめの箱におもちゃが入っているときは、よく見るために次のような工夫をします。

・二つめの箱を呈示するとき、援助して、呈示した箱に子どもの利き手が触れるようにします。箱に触れている子どもの手をタッピングして「ここを見て」といって視線を誘導します。

・ふたを取っておもちゃを見せて視線を誘導してから、再びふたをします。

・箱を振って音を出して視線を誘導します。

 箱の中のおもちゃが見えていると取ることができますが、
ふたをすると、おもちゃを取れなくなったり、伸ばしてきた
手の動きが止まったりすします

A　＜手だて１＞　待たずにすぐに、援助する
待たずにすぐに、すべての操作を援助して行います。
※　まちがえさせないポイント１　（154ページ）を参照。

＜手だて２＞　自発の運動が起きやすくする
箱に向かって手を伸ばすという自発の運動が、起きやすくするよう工夫します。
※　まちがえさせないポイント２　（154ページ）を参照。

219

第5章 どちらの箱に入っているか　見比べる・見分ける学習

 箱に手を伸ばして、中のおもちゃを触ってはいますが、取り出そうとしません

＜手だて1＞ 一緒に取る
取り出すところをよく見せましょう。そして、援助して子どもの手に、手を添えて一緒に取るようにします。

＜手だて2＞ 援助しておもちゃを持つ
「取ってね」のことばかけとともに、援助して箱の中のおもちゃを持つようにします。
※おもちゃに持ち手のあるものが持ちやすく、握りやすいです。
　握るとき、おもちゃに触れるところを、「指の真ん中あたり→指の付け根のあたり→てのひらの中央あたり」と移行しながら学習を進めます。

＜手だて3＞ おもちゃを検討
そのおもちゃが好きかどうか、大きさ・形状・重さが取り出しやすいか、検討します。

Q5 取り出したおもちゃで遊んでしまい、なかなか手放しません

＜手だて1＞ 遊ぶ時間を短く
手に持ったおもちゃで遊びたいと思うのは自然でしょう。
少し遊んでから、タイミングを見計らって「ちょうだい」などのことばかけとともに、手に持っているおもちゃを受け取るようにします。

・遊ぶ時間が長くなると、遊ぶことが強化され、課題が成立しなくなります。遊ぶ時間はできるだけ短いほうがよいです。

・学習に慣れてきたら、すぐにおもちゃを受け取るようにします。

＜手だて2＞ 大好きなおもちゃは避ける
教材に用いるおもちゃは、好きなもので、「ちょうだい」などのことばかけで渡すことができるものが望ましいです。

・大好きなおもちゃは、なかなか放さないのでふさわしくないでしょう。

※**おもちゃの受け取り方**
　子どもがおもちゃを持っている手の手首を、左手で持って下に向けます。指導者の右手のてのひらを上に向けて、おもちゃを握っている子どもの手にあてます。そして、手前に引きながら子どもの指をゆっくり開いておもちゃを受け取ります。

6 こんなときには、どうしたらよいでしょう？

 Q6 ふたに気を取られて、中のおもちゃを取ろうとしません

A ＜手だて1＞ ポインティングで誘導
援助して、ふたを机上に置くようにします。置いたふたは、すみやかに撤去します。
箱の中のおもちゃをポインティングして視線を誘導し、手が伸びるように工夫します。

＜手だて2＞ ふたをすぐ受け取る
子どもがふたを取った瞬間、すみやかにふたを受け取ります。子どもの手が動く方向に合わせて、タイミングよく受け取るようにします。そして、箱の中に手を伸ばすように援助するとよいでしょう。

 Q7 両手で両方のふたや箱に触れてしまいます

A ＜手だて1＞ タッピングをする
利き手をタッピングしながら、「こっちの手だけで取って」などのことばかけをします。

＜手だて2＞ 利き手側に呈示する
箱を利き手側に寄せて呈示します。
二つの箱の真ん中が、利き手を置いた位置の延長線上にくるようにします。学習の進展につれて、箱の呈示位置を少しずつ学習空間（机上面）の中央にくるようにします。

＜手だて3＞ 反利き手を受け止める
ことばかけをしても反利き手が伸びてくるときは、その手をてのひらで軽く受け止めて、動きを止めます。このとき、子どもの手を押し返さないようにしましょう。
行動を規制することによって学習に支障があるときは、この手だては用いないほうがよいでしょう。

＜手だて4＞ 遠くへ呈示する
箱を子どもから離して、手が届かないような位置に呈示します。利き手をタッピングしながら「こっちの手だけで取って」などのことば

かけをして、箱をすべらせて近づけます。

それでも反利き手が伸びてくるときは、その手をてのひらで軽く受け止めて、動きを止めます。

＜手だて5＞ 呈示板を用いる

適切な間隔で二つの箱を呈示できる、細長い板のような呈示板を用います。二つの箱を呈示してから呈示板ごと子どもに近づけます。反利き手が伸びてきたら、呈示板ごと後方に引いて箱に触れられないようにします。利き手をタッピングしながら「こっちの手だけで取って」などのことばかけをして、再び呈示板ごと箱を近づけます。反利き手が伸びてきたら、その手をてのひらで軽く受け止めて、動きを止めます。

このようにして、利き手だけでできるようにしていきます。

Point

どんなときでも、これがポイント

●よくほめます。

●手の動き・目の動きが、次の行動を知らせています。

●手の動き・目の動きが、子どもの考えていることを知らせています。

子どもにあわせてフレキシブルに!!

●学習の系統性(学習順序)は、子どもの実態に応じて組み替えましょう。

●視覚認知を高めるスモールステップが考える力を育てます。子どもの実態に応じて新たなステップを設定したり、省略したりするなど、工夫をしましょう。

おわりに

　「障害がある子どもの考える力を育てる基礎学習」と題して本書を著しましたが、「基礎学習」の中の「『はい』・『いいえ』のサインの確立」「『同じ』の概念形成」「空間概念の形成」は本書に入っていません。しかし、これらも「基礎学習」の重要な柱です。学習を組み立てる基本的な考え方は、「形の弁別」「大小・大中小の弁別」「延滞反応による学習」と同じです。呈示の順序やことばかけなどをよく考え、まちがえさせない工夫をして学習を進めましょう。

　本書では、同じようなことばが繰り返し出てきます。なかには、細かすぎると感じた方もいらっしゃるかもしれません。どのような障害であっても、またその障害がどのような状態であっても、本書を手がかりに学習できるようにとの思いから、細かく丁寧に書きました。そして、考える力を育てるスモールステップをよく理解していただければ幸いに思います。

　障害のある子どもと育てる人の願いに添うことができるように、また、子どもの伸びる力とそれを伸ばす力がよりよく調和するようにとの思いで、学習理論を追究し実践してきました。その一端を本書で著す機会を得たことに心から感謝しています。

　本書の刊行にあたり、ご協力くださった方々に厚く御礼申し上げます。

新装版
障害がある子どもの 考える力を育てる 基礎学習
形を見分ける　大きさを見比べる　衣服を着る・脱ぐ　よく見て覚える

発行日　2011年11月29日　初版第1刷発行
　　　　2024年　9月10日　新装版第1刷発行

著者	宮城武久
発行人	土屋 徹
編集人	滝口勝弘
企画編集	長谷川 晋・東郷美和
編集協力	No.T工房
装丁・デザイン	長谷川由美
製作協力	千葉匠子
イラスト	中小路ムツヨ
発行所	株式会社Gakken 〒141-8416　東京都品川区西五反田2-11-8
印刷所	共同印刷株式会社

この本に関するお問い合わせ先
●本の内容については、下記サイトのお問い合わせフォームよりお願いします。
　https://www.corp-gakken.co.jp/contact/
●在庫については　Tel 03-6431-1250（販売部）
●不良品（落丁、乱丁）については　Tel 0570-000577
　学研業務センター　〒354-0045　埼玉県入間郡三芳町上富279-1
●上記以外のお問い合わせは　Tel 0570-056-710（学研グループ総合案内）

©Takehisa Miyagi 2011 Printed in Japan

本書の無断転載、複製、複写（コピー）、翻訳を禁じます。

本書を代行業者等の第三者に依頼してスキャンやデジタル化することは、たとえ個人や家庭内の利用であっても、著作権法上、認められておりません。

学研グループの書籍・雑誌についての新刊情報・詳細情報は、下記をご覧ください。
学研出版サイト　　　　　　https://hon.gakken.jp/
ヒューマンケアブックスのサイト　https://www.gakken.jp/human-care/

本書は2011年発行『障害がある子どもの考える力を育てる基礎学習』の新装版です。